Courez ! Bougez !

Philippe Coldeboeuf

Courez ! Bougez !

Roman

LE LYS BLEU
ÉDITIONS

ISBN : 979-10-422-2473-8

1
Année 2018

Déjà la retraite

Le dix-huit juin, deux mille dix-huit, Jacques Martineau à soixante ans et demi, après quarante et un ans de travail, solde pour le reste du mois ses congés avant son départ effectif à la retraite le premier juillet.

Il est officiellement à la retraite. Adieu le travail en Vendée. Il rejoint donc sa femme Lysiane, qui elle travaille dans la Vienne, où elle est directrice d'un établissement socioculturel. Fini les aller et retour, il va enfin pouvoir terminer la restauration de la petite longère poitevine qu'ils ont acquise pour passer une paisible retraite.

Il y a encore beaucoup de travaux de rénovation à effectuer. Pour le moment seule la pièce de vie y est habitable. Elle a tout en un, la cuisine, le salon, la chambre. Comme dans un loft en longueur de soixante mètres carrés. Un peu moins de confort que dans leur ancienne maison de Vendée, mais avec du courage et du temps, elle va devenir largement plus confortable et agréable, d'autant qu'elle est située sur un terrain vallonné et boisé d'un demi-hectare. L'endroit idéal pour profiter du bon temps et des joies de la nature dans un coin tranquille. Le hameau ne compte que quatre-vingt-sept habitants.

Jacques a quelques appréhensions, beaucoup de personnes attendent ce passage à la retraite. Lui, il le redoute un peu, il a peur de s'ennuyer, il n'y a pas d'école pour apprendre la retraite, elle s'apprivoise au jour le jour, préparé ou pas. Il faut l'assimiler par soi-même. Pour Jacques le plus dur est la désocialisation. Il se demande pourquoi son téléphone ne sonne plus. Il n'a plus de problème à résoudre ni de projet à créer pour le travail.

Il sait qu'il ne reverra certainement pas de connaissances de Vendée ni d'anciens collègues de travail. Il va falloir qu'il se crée un nouveau réseau de relations. En venant vivre ici, il s'est rapproché de ses quatre enfants, Coralie, Maxime, Camille, Charlène, et des trois filles de Lysiane, Aurélie, Mélodie, Carine. Il les verra plus souvent, sauf Charlène qui habite du côté de Carcassonne, et Mélodie qui, elle, vit en Norvège. Pour celles-ci, cela ne changera pas grand-chose.

Tout près dans la commune voisine, il y a François Rivière, l'ex-beau-frère de Lysiane, avec qui ils sont restés amis. À tel point que l'un comme l'autre quand ils se présentent à quelqu'un se disent cousins ou beaux-frères.

Véronique et Hervé, eux aussi sont proches, c'est presque comme de la famille. Ils habitent un logis fortifié du moyen âge. Pour plaisanter, Jacques les surnomme le Duc et la Duchesse du logis et leurs filles, les princesses Maeva, Samantha, Lila, que des prénoms qui se terminent en A.

Maeva, l'aînée, est très observatrice, elle est capable bien qu'elle soit encore jeune de cerner les traits de caractère d'une personne assez rapidement.

Samantha, la cadette, a tout pour être reine… du maquillage et du déguisement. Elle adore monter des spectacles avec ses deux sœurs, mais ce qu'elle préfère c'est de jouer les Miss France, bien sûr.

Lila la benjamine porte bien son prénom. C'est une petite fleur qui semble, sous des airs timides, sage et fragile, mais qui au contraire aime rire, chanter, et faire des blagues.

Un sacré trio de princesses qui deviendrait très vite un brio de jolies diablesses.

La grande Sylvie, amie de toujours, divorcée, au caractère bien trempé, a en permanence l'avis contraire du contraire, mais tellement sympa !

Finalement, tout ce petit monde est un bon début pour s'intégrer dans le paysage rural de ce nouveau lieu d'habitation.

Jacques va devoir apprendre tout un tas de choses comme ; ne pas faire la vaisselle du midi, s'endormir dans un fauteuil poang du salon devant le journal de treize heures. Attendre Lysiane à rentrer le soir. Rouler moins vite, enfin essayer, faire les courses alimentaires pendant la journée. Prendre son temps, ne se raser qu'un jour sur deux ou pour les grandes occasions. Rester en pyjama jusqu'à midi, ne pas se mettre la pression, profiter de ne rien faire, tout un programme.

Pourtant ce nouveau mode de vie sans contrainte, autre que celle qu'il se met lui-même le déstabilise. La solitude lui pèse un peu au début. Jacques croit que l'on s'y accoutume, qu'elle repose et qu'elle finit un jour par manquer. Elle devient une source d'oxygène dans le temps et pour soi-même. D'ennemie au départ, elle finirait par devenir la compagne idéale. La solitude serait-elle une maîtresse qui se conjugue avec amour ? Jacques qui dans son travail croisait énormément de personnes avec qui parler, ne converse plus beaucoup, d'ailleurs avec qui peut-il le faire ici, tout seul dans sa maison ?

Sa parole se perd dans le vent et s'écrase sans résonance sur les murs, si bien que son monologue en devient inutile. Quand on ne parle plus, le silence devient pesant. Il se rajoute à la plénitude grandissante de cet isolement loin du monde des actifs dont l'absence semble plonger Jacques dans le néant. Qui dit, pas de parole, dit, pas d'écoute, à part le chien, les oiseaux, qui peut entendre Jacques ? Et lui, que peut-il écouter ? Le bruit des appareils ménagers ou des meubles qui craquent ? Une voiture qui passe au loin ? Le frissonnement du temps qui s'écoule ?

Jacques craint de perdre en mobilité, car certes mobile, mais pour aller où ? Il va falloir trouver de quoi bouger pour remplir ce fameux agenda que tous les retraités disent être plein. Lui se demande comment peut-on être débordé en étant à la retraite. Il n'a jamais entendu parler d'un retraité qui avait fait un burn-out. Il pense que son cerveau risque d'avoir beaucoup de manques. Pourra-t-il compenser l'occupation de huit heures de travail journalier ? Il se disait prêt, aujourd'hui il sait que c'était de l'autopersuasion. Il ne regrette pas pour autant, il va s'adapter, trouver des activités, des loisirs, dompter le temps.

2
Un imprévu dans l'agenda

Le temps s'écoule et Jacques commence à s'accommoder tant bien que mal à la retraite.

En septembre, il souffre un peu d'une molaire cariée à la base de la racine et il sent une petite grosseur à l'intérieur de la joue. Il pense que ce renflement est un quelconque abcès dû à la dent abîmée. Il obtient à la fin du mois un rendez-vous chez le dentiste qui lui prescrit une radiographie panoramique dentaire. La conclusion de cet examen est :

Processus tissulaire vascularisé et hypoéchogène non spécifique jugale et inférieur droit. Face à la présence d'une potentielle atteinte sous la couronne de la 46 à proximité, on présume une origine infectieuse.

À la lecture de cette conclusion, Jacques pense « En clair ou en français pour les nuls ça veut dire quoi ». Ça voulait dire rendez-vous chez un chirurgien maxillo-facial, direction la table d'opération sous anesthésie générale, le dix-neuf décembre, pour extraction de cette satanée dent, et ablation de la grosseur devenue maintenant de la taille d'un pouce.

Jacques est comme presque tout le monde. Il n'aime pas être endormi. Il a la « trouille ». Son truc, c'est de penser que ce temps ne compte pas, zéro on dort, un on se réveille. Oui, mais lui il se réveille désorienté. Il voudrait parler, il ne sent plus ni sa langue ni ses lèvres. Il arrive cependant à balbutier à l'infirmier de la salle de réveil :

— Ouuué lo nooor ? L'infirmier ne comprend pas, Jacques insiste.

— Ouuué lo nooor ? Ouuué lo nooor ?

L'infirmier :

— Le Nord ?

— Huuum ! dit Jacques en hochant de la tête.

— Par-là ! répond l'infirmier en montrant une fenêtre aux carreaux opaques, par lesquels il est absolument impossible de vérifier la véracité de l'orientation du fameux pôle. Jacques reprend ses esprits, il n'a pas perdu le Nord.

L'opération s'est bien passée. Le chirurgien lui annonce qu'il a curé généreusement le renflement jugal (oui c'est plus technique qu'une grosseur), vraiment bénin, et qu'il l'envoie à l'analyse pathologique (Anapath), pour rassurer Jacques.

Voilà les fêtes de fin d'année qui arrivent. Jacques est à la bouillie pour quelques jours, la joue gonflée comme une balle de tennis bleuie, cerclée de jaune et barbue, ce qui fait bien rire ses petits-enfants le jour de Noël. En fait, si cela ne lui faisait pas mal avant l'opération et bien cette fois il est servi, c'est NMM, Noël Menu Mixé.

La nouvelle année montre le bout de son nez. Jacques ne souffre plus de rien et peut manger normalement. Il ne pense même plus à cette opération ni à cette histoire d'Anapath. Tout va bien. Il entrevoit un retour au calme et envisage de se remettre sérieusement à la rénovation de la maison. Il a de quoi s'occuper, isolation, raillage, placo, enduit, électricité, plomberie, menuiserie, carrelage, faïence. Il a l'intention de tout faire lui-même, il aime ça et en plus il a le temps.

3
Année 2019

Drôle d'annonce

Le 17 janvier 2019, trois jours avant son anniversaire, il reçoit en milieu de matinée un message vocal sur le répondeur de son téléphone portable. Il a dû sonner quand Jacques était dehors.

« Bonjour, j'ai les résultats de votre Anapath ». Le discours tourne autour du pot pour finir par… « C'est un Lymphome, je vous ai pris un rendez-vous en urgence, le 22 janvier à 10 h 40 avec un cancérologue du Centre Hospitalier ».

Patatras, Jacques se serait fait casser la figure par les troupes barbares d'Attila que cela n'aurait pas été pire. Il est effondré en larmes, seul chez lui. Son chien ne comprend pas ce qui lui arrive, il se colle à son maître. Il reste avachi dans un fauteuil du salon, le temps n'existe plus. La base solide qu'il est vient de s'effondrer, il a l'impression de ne plus habiter seul son corps, qu'un intrus y est entré par effraction, d'une violence qu'il n'avait pas encore rencontrée.

Le cancer était là, en lui, à faire son œuvre maléfique, sournoisement, sans le faire souffrir, sans rien en ressentir. Jacques au bout de quelques instants, il ne pourrait dire combien ? Mais il se ressaisit, se relève du fauteuil, prend son courage à deux mains, son téléphone. Il faut annoncer la « mauvelle », mauvaise nouvelle à

Lysiane, son épouse, comment lui dire, pourquoi ne pas attendre le soir, trop dur à porter, à supporter.

— Allo, excuse-moi de te déranger au travail, j'ai une très mauvaise nouvelle.

— Ah, c'est quoi ?

— J'ai les résultats de l'Anapath, tu es assise ? C'est un cancer.

— Non arrête de me faire marcher, tu vas bien.

Jacques est en général d'un naturel blagueur.

— Malheureusement, non, je peux jouer avec tout, mais pas ça, pas la maladie, pas le cancer.

— Non, non, non, pourquoi ?

— Il n'y a pas de non, ni de pourquoi, c'est comme ça, moi, comme les autres, ma grand-mère disait toujours, « faire face », c'est le moment.

Jacques fait le fanfaron devant Lysiane pour ne pas trop l'inquiéter, comme si elle était dupe. Cinq, c'est le nombre de jours interminables qu'il mettra à accuser le coup, cinq c'est le nombre de nuits qu'il passera à ne pratiquement pas dormir, dans l'attente du rendez-vous fatidique.

Comme souvent, après le déjeuner, François passe se faire payer le café en allant voir sa mère qui habite deux hameaux plus loin. Il tombe bien, Jacques ne va pas s'angoisser de trop, ils vont discuter comme d'habitude. Jacques ne sait pas s'il doit lui annoncer cette mauvaise nouvelle et faire semblant d'être détendu, mais son visage déconfit ne cache rien de son moral.

— Salut Jacques, tu en fais une drôle de tête, qu'est-ce qu'il t'arrive ?

François voit bien qu'il y a quelque chose, Jacques hésite à lui dire, mais il ne peut pas garder cette information.

— Salut, assieds-toi. Et Jacques lâche le morceau.

François est un ancien « flicard » comme il dit, mais depuis qu'il est lui aussi en retraite, il est devenu très émotif, sûrement le relâchement de pression. Ce grand poulet d'un mètre quatre-vingt-cinq et cent trente kilos, ne retient plus ses sentiments, et le vieux de la vieille de la brigade anticriminelle laisse couler une larme dans le coin de l'œil.

— Ah, c'est la merde ! François reste sans voix.

— Ce n'est pas que tu crois que je vais me laisser croquer par cette saloperie, attend, il faut que je voie le cancérologue avant de tout dramatiser, je suis encore debout.

C'est ainsi que le vingt-deux janvier, Jacques et Lysiane, l'angoisse au ventre, se retrouvent au Pôle Régional de Cancérologie (PRC). Rien que l'arrivée sur le parking est impressionnante. L'immense hall de l'entrée ou l'on ne sait quelle direction prendre, pas à gauche c'est la cafétéria, pas à droite c'est l'accès à la radiothérapie, en face le dégagement qui mène au Centre Hospitalier. Finalement il faut monter par l'escalier magistral qui distribue uniquement le premier étage. Il doit bien y avoir un ascenseur quelque part, mais ils ne l'ont pas vu. Sur le palier, impossible de se tromper. À droite les hospitalisations de jour, à gauche les consultations, pas de doute ils sont au bon endroit.

Donc à gauche, à l'entrée du service, Jacques prend un ticket et va s'asseoir à côté de Lysiane ou d'autres personnes sont déjà installées. Il a le numéro 43, sur le panneau électronique au-dessus des trois guichets, dont un seul est ouvert, on peut lire le numéro 39. Il va falloir patienter. Le 40 s'affiche, le temps est long. Le 41, une minute semble une heure, le 42 le stress monte. 43, c'est le tour de Jacques. La secrétaire médicale crée le dossier informatique, puis elle indique la salle d'attente numéro 4, celle du docteur Frappier.

Le chemin pour y parvenir semble un vrai labyrinthe, Jacques en perd le nord, il y a de quoi. En apercevant par la fenêtre de la salle d'attente, l'hélicoptère jaune du Samu sur sa piste d'envol, à côté de l'entrée, il se repère, mais cela ne fait pas accélérer le temps dans cette salle qui porte bien son nom. Dix minutes passent, les patients aussi, des sueurs froides montent dans son dos, encore dix autres minutes, patience, dix nouvelles minutes, « malade ou patient », se dit-il.

Enfin la porte du docteur Frappier, oncologue hématologue, s'ouvre. Les voilà au pied du mur, dans le vif du sujet, le résultat de l'Anapath tombe :

« Lymphome malin B à petites cellules de phénotype CD20+, CD5 –, CD10 –, avec monotypie K dont l'aspect morphologique et le profil immunohistochimique s'accordent avec un lymphome de la zone marginale de type MALT. »

Jacques accuse le coup, il ne sait plus trop bien où il habite, il prend conscience que ce n'est pas rien qu'une petite grippette. Heureusement que Lysiane est là pour poser les bonnes questions. Le docteur Frappier se veut rassurant. C'est un homme qui inspire la confiance et qui ne laisse rien passer. Après un examen clinique ; tension, cœur, palpation des ganglions, poids stable à soixante-douze kilos, absence de signes généraux, pas de douleur particulière, il prescrit un bilan biologique à faire immédiatement sur place, un TEP (examen tomoscintigraphique), une fibrogastrique. Le tout pour faire une synthèse et proposer une solution thérapeutique adaptée à ce lymphome.

Si la maladie est localisée, une simple surveillance ou éventuellement une irradiation ponctuelle. Si la maladie n'est pas localisée, un traitement systémique pourrait être proposé.

Les dates des examens ne sont pas avant un mois minimum. Jacques se laisse à penser que ce n'est pas si grave que cela n'y paraît, c'est ce qu'il espère. La réalité c'est qu'il n'y a aucune date proche de disponible. Le docteur Frappier accompagne Jacques et Lysiane jusqu'au bureau des infirmières pour la prise de sang (Pds) et les salue sympathiquement et finit par : « Bon courage ».

Jacques se dit que ce n'est pas le courage qui manque, mais que c'est juste la ligne d'horizon qui soudainement devient de plus en plus floue.

Mais qui est cette infirmière ? Ne serait-ce pas Marie Girard ? Si ! C'est elle, Marie, la fille du maçon du village. Cela détend l'ambiance si l'on peut dire, et confirme malgré tout que ce n'est pas un mauvais rêve. Après le prélèvement de quatre tubes de sang, Jacques et Lysiane se retrouvent sur le parking l'air ahuri, un peu plus perdus. Sortant de nulle part, sur une autre planète où les habitants sont tous en blouse blanche ou l'air est chaud et pesant. Jacques ne se sent pas de taille à conduire, son esprit est encore dans le bureau du docteur Frappier, il réalise qu'il vient de mettre le pied dans le milieu médical et certainement pour longtemps.

Dans l'attente des prochains rendez-vous, Jacques reste très perturbé, il essaie de penser à autre chose, avec un fond d'angoisse permanent. Lysiane travaille encore, mais elle prendra le temps nécessaire pour l'accompagner aux rendez-vous, pour l'accompagner tout court.

Jacques est seul à la maison et tente de sortir pour voir du monde, se changer les idées, mais il y a toujours quelqu'un pour poser la question qu'il ne fallait pas :

— Bonjour Jacques, comment vas-tu ?

— Bien on vient de m'annoncer que j'ai un cancer, mais je vais bien.

— C'est une blague ?

— J'ai l'air de blaguer ?

Pas facile d'éviter ce genre de conversation, et parfois certains de rajouter :

— Je comprends !

Mais que peut-il comprendre lui, alors que Jacques n'est pas en mesure de le faire. Tant et si bien que pour l'instant Jacques n'ayant pas envie d'affronter ces paroles maladroites, décide de rester à couvert et à bricoler dans ses murs au fin fond de son hameau paisible. Il se dit que rien ne sera plus fort que lui-même dans ce combat pour la vie, lui et la médecine bien sûr. En tous cas plus jamais il demandera à quelqu'un « comment vas-tu ? ».

4
Mise en examen

Le huit février à la première heure d'ouverture, c'est le rendez-vous pour le TEP. Jacques et Lysiane arrivent sur le parking du bâtiment du service d'imagerie moléculaire, juste à côté de celui du PRC. L'inscription au secrétariat se fait à gauche en entrant, à part la carte vitale, rien d'autre à présenter, tout est dans le dossier informatisé. Passage obligé, mais rapide dans la salle d'attente, puisque pour cet examen tomoscintigraphique au 18 FDG, pas d'attente :

— Monsieur Martineau, c'est à vous !

Il n'a pas eu le temps de trouver le temps long. Il disparaît avec l'infirmière derrière la porte orange à double battant. Elle l'installe sur un fauteuil de soins dans une petite alcôve sombre.

— Avez-vous déjà eu ce genre d'examen ?

— Non c'est la première fois.

— D'accord, je vous explique. Je vous mets sous perfusion de glucose et dès que le produit révélateur (18 FDG) est prêt pour vous, je vous l'injecte, cela dure trois minutes, mais avant je vais prendre votre taux de glycémie.

Avec un petit appareil à aiguille, elle pique Jacques au bout de l'index pour récolter une goutte de sang, taux à 1,13 g/l, c'est convenable, pour soixante-dix kilos. Jacques en a perdu deux. Il se dit que trois minutes ça va aller, ce n'est pas long, mais elle n'a pas fini de donner son explication.

— Ensuite dès que la mini pompe à injection bipe, je vous l'enlève, je laisse la perfusion, vous restez dans le fauteuil au repos une heure, le temps que le produit se diffuse dans tout votre corps, après je vous déperfuse et nous passons au TEP, ça vous va ?

Elle rigole, sort de l'alcôve et ferme le rideau qui le sépare du couloir. Elle revient huit minutes plus tard avec le produit, vous connaissez la suite. Avant qu'elle ne referme le rideau, Jacques a remarqué qu'il y a dans cette salle en forme de large couloir, sept autres alcôves comme la sienne, soit huit plus ou moins patients comme lui potentiellement atteints d'un cancer. Une heure à attendre c'est encore long, mais derrière le rideau il y a toujours de l'animation, tous les quarts d'heure un autre rideau s'ouvre, il n'y a pas « d'entre actes ». Un patient va au scanner, un autre prend sa place sur le fauteuil. Derrière cette salle de couloir, il y a deux autres salles avec chacune son appareillage d'examen. Jacques est un ancien technique, il aime bien compter, donc pour passer le temps il compte dans sa tête :

Le service du TEP est ouvert de 8 h 00 à 12 h 00 et de 13 h 30 à 18 h 00, donc 68 personnes par jour au maximum peuvent passer ici pour un dépistage ou suivi de cancer, pas possible environ 17 000 par an pour 1 800 000 habitants du Poitou-Charentes.

Attention, ce sont les calculs de Jacques qui ne sont peut-être pas si loin de la vérité que cela. Son calcul donne 944 cas pour 100 000 habitants.

Le recueil des cancers du Poitou-Charentes de 2018 annonce 697 nouveaux cas pour 100 000 habitants, si l'on enlève les patients qui sont en examen pour un contrôle, le calcul n'a pas l'air totalement faut.

— Monsieur Martineau ! Je vous déperfuse !

Jacques sort de son calcul, surpris, l'infirmière le dé-perfuse, l'invite à se lever et à passer en salle d'examen. Impressionnante cette machine ! Jacques ne voit qu'elle dans cette salle, la lumière y et très légère, il est incapable de juger de la taille de la pièce. On dirait un réacteur d'avion à travers lequel passe un plateau brancard. Jacques se prend au jeu de s'inventer une porte magnétique vers l'inconnu, pour minimiser son appréhension.

Le voilà maintenant le torse nu allongé sur la table d'examen de l'appareil, les bras étirés loin au-dessus de la tête, il ne visualise alors que le plafond suspendu en dalles carrées blanches.

— Je reviens dans dix minutes ! lui dit l'opératrice.

Elle sort, la lumière baisse, un faible bruit de ronronnement de moteur électrique se fait entendre ainsi qu'une petite voix féminine dans un haut-parleur lui disant :

— Ne bougez plus, c'est parti !

Effectivement, la machine se met en mouvement, il ne se rend pas compte au début si c'est l'anneau magique qui avance ou bien le plateau qui translate, tant le mouvement est infime. Évidemment, c'est le plateau de la table d'examen qui bouge, l'anneau qui est en fait un tube d'environ un mètre de long et presque deux de diamètre extérieur est bien trop lourd et raccordé à tellement de câbles électriques, qu'il ne peut être mobile. Jacques commence à voir l'intérieur du tube autour duquel tourne un petit rayon rouge violacé.

— Ne respirez plus ! chuchote la petite voix.

Tout son corps passe sous l'anneau qui s'arrête.

— Respirez !

Machine arrière toute, il repart dans l'autre sens.

— Ne respirez plus !

Jacques traverse à nouveau l'anneau.

— Respirez, c'est terminé, j'arrive tout de suite.

Le plateau est au point mort, le ronronnement du moteur s'arrête, l'intensité de la lumière monte, et l'opératrice entre dans la salle.

— C'est bon, vous pouvez vous habiller, l'examen est terminé.

— Et le résultat ? Jacques n'a pas le temps de finir sa phrase.

— Nous l'envoyons directement au docteur Frappier, il faut voir avec lui.

— Donc je peux m'en aller ?

— Oui, petite précision, évitez pour la journée d'être en contact avec des enfants ou des femmes enceintes, c'est à cause de la radioactivité du produit injecté !

— Ah bon et…

— Il va s'évacuer par les voies naturelles ne vous inquiétez pas, au revoir. Elle coupe court à la conversation.

Jacques se retrouve en moins de deux dans le couloir de sortie « ne vous inquiétez pas, elle est drôle », se dit-il. Si justement ! Il s'inquiète un peu plus encore, attendre un autre rendez-vous pour avoir le résultat, et « au revoir », non, lui il n'espère pas. Il sort du bâtiment et retrouve Lysiane qui l'attend dans la voiture, elle le questionne sur le résultat, il ne peut lui donner la réponse. Ils sont invités à déjeuner chez Carine, une de leur fille qui habite à une quinzaine de kilomètres d'ici.

Jacques inscrit l'adresse sur le GPS de la voiture, mais rien, il ne fonctionne pas, pas de signal. Jacques démarre le moteur, rien, il ne fonctionne toujours pas, puis d'un coup, il indique n'importe quelle direction, et change pour ne rien indiquer, impossible de le faire fonctionner, Jacques l'éteint.

Lysiane prend son téléphone portable et appelle Carine pour qu'elle lui donne le bon itinéraire, pas de réseau téléphonique. Jacques essaie avec le sien, même chose, pas de réseau. Lysiane sort de la voiture et va un peu plus loin sur le parking, il y a du réseau. Elle revient à la voiture et cela ne fonctionne plus.

— Incroyable ! lance Jacques.

— C'est peut-être à cause du produit radioactif que l'on m'a injecté, tu sais je ne dois pas voir d'enfants ni de femmes enceintes aujourd'hui, c'est quoi ce truc ?

— Tu délires Jacques, mais oui, c'est vraiment bizarre

Ils quittent le parking et toujours pas de GPS ni de téléphone dans la voiture. Arrivés à destination chez Carine, Jacques stoppe la voiture et en sort sans couper le contact pour voir, le téléphone de Lysiane et le GPS fonctionnent, mais toujours pas le sien, tellement incroyable, mais vraiment réel.

5
En attendant

En février, Jacques se met gentiment à la reprise des travaux de la maison. Il doit bouger pour ne pas penser. C'est décidé, cette semaine il pose la porte vitrée de la terrasse ainsi que les trois petits fenestrons qui de l'extérieur gardent l'aspect de cette ancienne partie jadis une étable. Il veut que cette rénovation soit un compromis entre le moderne et l'ancien. Quand il pense maison, il écrit :

C'est bien beau de changer de maison pour sa retraite, encore faut-il la rendre accessible et pratique pour éviter d'aller plus tard dans une structure pour personnes âgées. Une maison c'est comme un être vivant, c'est le reflet de ceux qui l'habitent de la famille, des amis, de ce que l'on y fait. Elle s'en inspire à travers sa structure, ses aménagements, son mobilier, ses bruits, ses odeurs. Elle ne doit pas être triste et sombre, on doit s'y sentir bien pour qu'elle soit remplie de gaieté et d'amour. Ce n'est pas la maison qui fait la vie, c'est ceux qui y vivent qui donnent un sens à la sienne.

Mi-février, nouveau rendez-vous avec le docteur Frappier. Il a reçu les résultats du TEP et de l'analyse biologique sanguine. Le TEP montre des anomalies pleuro-parenchymateuses prédominantes à droite à contrôler et le bilan biologique montre deux micro-pics IgM dans les gammaglobulines, peu significatifs à surveiller. Il ne se prononce pas sur la suite à donner dans l'attente de la fibrogastrique, il opte pour une probable simple surveillance.

Ce type de lymphome pouvant être la conséquence de l'Helicobacter Pylori, il prescrit un traitement médicamenteux antibiotique de dix jours pour s'assurer de la destruction de son éventuelle présence.

Fin février, Jacques est très anxieux et pour penser à autre chose qu'à la maladie, au moins un instant dans la journée il se laisse aller à la poésie et entame la première page d'un calepin qui le suivra désormais partout.

Prends du dessert

Nous l'avons tous en nous c'est sûr
Il nous imprime de sa blessure
Dans nos corps inscrit sa morsure
Si le docteur en pro rassure

De nous dire que la vie est belle
Même sous contrat six mois rappelle
Bilan sanguin nous interpelle
Te remet face à toi mortel

Et qu'à chaque jour qui avance
Ta santé est dans la balance
Vas-y fonce tu as cette chance
Combats avec force et défiance

L'animal ne fait pas envie
Ne t'en fera jamais ami
Profite de tout aime la vie
Méprise-le cet ennemi

Dois vivre avec c'est un cancer
Alors ce soir prend du dessert.

François vient prendre un habituel café. Jacques aime bien quand il passe, cela lui permet de débriefer sur la maladie en général, il ne voit pas grand monde. Ils en parlent librement sans tabou.

— Alors quoi de neuf Jacques ?

— J'avance tout doux dans les travaux sans forcer.

— Tu sais que si tu as besoin d'un coup de main, je suis là.

Jacques est habitué à travailler seul, mais il ne dit pas non, il n'a que deux bras et parfois ils ne sont pas assez longs pour tout tenir en même temps.

— Ok, je te dirai lorsque j'aurais besoin, merci.

— Et le reste ?

— Toujours en observation, comme les étoiles dans quelques jours la fibrogastrique, je t'avoue que j'appréhende un peu

— Tu dis ça, mais un gars comme toi ça va aller. Au fait tu m'as bien dit que le nom de jeune fille de ta grand-mère c'était Rivière comme moi ?

— Oui et alors ?

— Si ça se trouve, nous sommes cousins.

— N'importe quoi François

— Ne t'inquiète pas je vais y regarder de près.

Forcément François est passionné de généalogie, il est inscrit dans deux clubs et a tous les logiciels possibles et inimaginables dans ce domaine. Enfin Jacques, lui est certain qu'ils ne sont pas de la même famille, des Rivière, et sans allusion, il en coule partout.

— Tu peux, si c'est le cas nous fêterons cela.

6
Première fibrogastrique

Début mars, rendez-vous pour la fibrogastrique au Centre Hospitalier Universitaire aile C. Jacques et Lysiane le connaisse bien pour y avoir fait quelques visites à de proches hospitalisés, mais en tant que patient ce n'est absolument pas la même chose. Le poids du stress n'est pas le même, d'autant que des personnes se pensant rassurantes avaient dit à Jacques que cet examen n'était pas une partie de plaisir.

Après le passage au secrétariat, un peu perdus dans les couloirs, les voilà enfin en salle d'attente, qui apparaît bien sinistre, pas de fenêtre donnant sur l'extérieur pour Jacques épris de grand air. Une demi-heure plus tard, une infirmière s'avance.

— Monsieur Martineau !

— C'est moi.

Il la suit jusque devant une lourde porte coulissante

— Vous êtes bien à jeun ?

— Oui, comme demandé sur la convocation.

Deux autres femmes sont dans la petite salle d'examen, l'une devant un écran d'ordinateur sur lequel elle regarde le dossier de Jacques, l'autre à côté de la méridienne où elle prépare le matériel. Cette dernière fait allonger Jacques sur le côté et le dote d'un linge comme un bavoir.

— Avez-vous déjà eu ce type d'examen ?

— Non, c'est la première fois.

— Donc il n'y a pas d'anesthésie, on vous pulvérise juste dans la bouche un produit qui endort un peu la trachée et on vous passe le tube souple que vous devez avaler jusqu'à l'estomac en inspirant fort.

— Ce gros tuyau c'est ce que vous appelez un tube ?

— Vous verrez, ça passe tout seul.

Ce tuyau fait un bon centimètre et demi de diamètre. L'opératrice commence à introduire le tuyau dans la bouche de Jacques, arrivé au niveau de la luette, il a des haut-le-cœur.

— Restez calme Monsieur Martineau, c'est normal, tout va bien se passer. Inspirez fort !

Jacques ne peut pas parler, rien n'y fait, le tuyau ne passe pas. L'infirmière voyant que Jacques suffoque retire doucement les six petits centimètres enfoncés.

— Ça va Monsieur Martineau ?

— Non, il ne passera jamais votre tuyau, c'est impossible. Vous n'avez rien de plus petit ?

— Détendez-vous, nous allons faire un deuxième essai tout doucement.

C'est encore pire, Jacques ne peut vraiment pas avaler ce tuyau. L'infirmière comprenant que ce ne sera pas possible d'aller jusqu'à l'estomac le retire à nouveau.

— On arrête tout Monsieur Martineau, je vous propose de faire cet examen sous anesthésie générale. Nous allons fixer un rendez-vous.

— Je suis d'accord, mais est-ce vraiment une proposition, je dirai une obligation

— Je vois que vous gardez de l'humour ! lance la personne qui est devant l'ordinateur.

— C'est ma façon de dédramatiser et de me remettre de cette torture intrusive.

— Torture ? Vous n'y allez pas un peu fort ?

L'atmosphère reste malgré tout détendue, pas comme la gorge de Jacques. Il retrouve Lysiane dans la salle d'attente.

— Alors ça s'est bien passé ?

— Rien passé du tout ! Impossible, ça fait mal, un point c'est tout !

— Donc tu vas devoir le faire sous anesthésie générale ?

— Tu as tout compris.

Fibroscopie

Ouh là là là fibroscopie
Bien celle-ci tu me la copies
Ne passe pas dans gorge à papi
Anesthésie fera tant pis

On me l'annonçait difficile
Oui c'est sûr plein dans le mile
Rien à vomir, même pas de bile
Bon sang que le vieux est fragile

Pour consoler de l'intrusion
Afin d'éviter la question
Midi tête à tête Ô Poirion
Merci de ton invitation

Après le retour au hameau
Encore au soleil il fait beau
Mérité un peu de repos
Et l'hosto n'aura pas ma peau

Sortir du milieu médical
Tous les jours garder le moral

7
Un peu d'élan

Le neuf mars, Maxime le fils de Jacques vient ce matin avec son copain Denis pour faire le placo du plafond de la future nouvelle chambre. Il est venu avec ses deux garçons Théo 12 ans et Yohan 8 ans pour la joie de Jacques. Ils vont passer leur grande journée, occupés avec des jeux de société. Ils en sont de grands amateurs.

Pour commencer, c'est un grand classique qui est sorti de sa boîte : le Monopoly. La partie est acharnée, chacun se faisant rageusement la guerre pour acquérir la rue de la Paix. Au final c'est Théo qui l'emporte, Jacques quant à lui est ruiné.

À la pause déjeuner, le chantier est bien avancé, la pose des rails plafond est déjà faite.

Après une brève sortie dans le parc à grimper dans les arbres, les enfants réclament une partie de Wazabi. Aussitôt dit aussitôt fait, les dés se lancent tour à tour sur le tapis de jeu. Pendant que certains travaillent, les autres s'amusent. C'est une belle journée pour Jacques qui n'a pensé à rien d'autre qu'à jouer et rire avec ses petits-enfants.

La venue de Maxime a donné un coup de fouet à Jacques. Il se met sérieusement aux travaux de la maison. Il espère terminer avant le mois de juillet.

Tous les matériaux pour le chantier sont arrivés, les plans sont déjà prêts depuis longtemps, il n'y a plus qu'à les suivre. Certes il va aller doucement, mais il va le faire. Plus tard ce sera peut-être trop tard ! Il avance gentiment en faisant certains jours la sieste pour récupérer. La pose des rails et le câblage électrique avancent assez vite, mais Jacques n'applique pas la laine de verre contre les murs. Impossible pour lui, les particules en suspension même avec un masque lui déclenchent des crises d'asthme. C'est Lysiane qui s'en charge le week-end.

Illusion

C'est le troisième jour de fatigue
Je n'irai pas danser la gigue
Ni sur le pont ni sur la digue
Mal venu d'où ce qui m'intrigue

Ce matin ça allait encore
J'ai fait bien des travaux dehors
Débroussaillage sur les bords
Et tronçonneuse là j'ai eu tord

J'y suis allé de gourmandise
Croyant que j'avais la maîtrise
Maintenant je dis la bêtise
Le mal de dos revient m'attise

Naît un problème collatéral
Vient d'en prendre un coup le moral
Dès fois je ne suis pas normal
Glander ou bâtir cathédrale

N'as plus trente ans fais toi raison
Ta jeunesse n'est qu'une illusion.

8
Et de deux

En préalable de la fibrogastrique, il y a eu le rendez-vous avec l'anesthésiste. Une simple formalité pour évaluer les antécédents et forcément les risques, rien à dire tout est bon, le voici donc le six juin au CHU aile C.

Lysiane accompagne Jacques, pour le retour il vaut mieux ne pas conduire. Comme d'habitude à jeun, passage au secrétariat, salle d'attente, avec un petit plus, Jacques se voit poser un bracelet blanc autour du poignet sur lequel sont inscrits son nom, sa date de naissance et un numéro d'entrée.

— Vous avez peur de me perdre ? demande innocemment Jacques.

L'aide-soignante Vanessa qui comprend qu'il blague lui répond :

— Parfois sous anesthésie, des patients sont somnambules et tentent de s'évader du bloc.

Les deux rigolent. Elle le conduit en salle de préparation avant le bloc opératoire.

Il a toujours la trouille, Marie anesthésiste sophrologue le rassure :

— L'intervention ne dure que trente minutes, vous serez légèrement endormi.

Elle l'invite à penser à un lieu où il aimerait être et ce qu'il aimerait entendre.

— Au Québec, le lac Edouard avec les oiseaux qui chantent

— Allez-y alors, laissez-vous transporter.

Marie le perfuse, il est sur la berge du lac Edouard et aussitôt il plonge, dans le sommeil.

Lui qui avait tellement peur de sentir quelque chose ne s'est rendu compte de rien, ni du bloc, ni de l'intervention.

Il se trouve maintenant en salle de réveil, ouvre les yeux. Le lac Edouard a disparu, il voit par la minuscule fenêtre un rayon de soleil. Il s'exclame :

— Ah ! l'Est, le Nord à droite, c'est bon je peux me lever !

— Oh là attendez, patientez encore dix minutes avant que je ne vous libère et vous pourrez ensuite passer prendre un encas à l'office avant de partir lui annonce l'infirmier.

— Avez-vous mal à la gorge, Monsieur Martineau ?

— Non pas du tout. Il ment, il n'a pas envie de s'attarder ici.

Quelques minutes plus tard, il peut se lever, se restaurer et rejoindre Lysiane.

— Comment te sens-tu ? As-tu mal à la gorge ? lui demande-t-elle.

— Pas trop mal ! ça gratte un peu, je viens de prendre une collation, café et yaourt, on rentre à la maison.

9
Vive l'été

Fin juin, les travaux de rénovation de la maison sont terminés. Le mobilier est installé. Jacques a tout pensé pour qu'elle soit totalement accessible en prévision de leurs vieux jours, au cas où l'un d'eux serait en fauteuil roulant, seul à la maison et comme il le dit souvent à Lysiane en rigolant :

— Si un de nous deux meurt… J'aurai beaucoup de chagrin !

Jacques et Lysiane peuvent maintenant profiter de leur suite parentale, d'une lingerie et d'une chambre d'amis et de leur pièce de vie qui vient de passer de grande à immense. Il n'y a pas de garage. Jacques dit que les voitures sont faites pour rouler et pas pour rester dormir au chaud à l'abri sous un toit. Petit bémol, il ne reste plus que les bandes et la peinture du bureau à faire, mais Jacques en a marre, cela attendra.

Cet été, Jacques a décidé d'accueillir quelques-uns de ses petits-enfants pour en profiter pendant qu'il est encore temps comme il dit à Lysiane.

— Tu sais Lysiane au cas où !

— N'importe quoi, tu n'as que des idioties à penser !

— Parfois ! les jours où je n'ai pas le moral.

Le temps est long à se faire du souci entre les rendez-vous médicaux et les résultats, le pire c'est l'appréhension du verdict.

Du 14 au 17 juillet, Théo et Yohan viennent pour quatre jours. Jacques n'aura donc pas le temps de se faire du mauvais sang, même si la veille il était plus que fatigué, et que ce matin il aurait préféré dormir. Il se prépare, car dès le début de l'après-midi ils seront là.

Il fait beau, le jeu de palets est de sortie, les enfants sont ravis, le grand-père encore plus, d'autant qu'au jeu de palets il se défend plutôt bien. Le soir ils vont regarder le feu d'artifice. Ils sont de retour à zéro heure trente. Jacques est vidé, mais heureux.

Le deuxième jour, les petits gars se lèvent déjà à sept heures avec leurs têtes de vainqueurs, sourires aux lèvres, les yeux rieurs et pétillants de bonne humeur.

Ce matin, Jacques va leur faire fabriquer des voitures miniatures en bois avec des roues en bouchon de compote de pommes. Ils n'en reviennent pas.

L'après-midi, le temps est mitigé, Jacques sait qu'il ne va pas échapper aux jeux de société, car Théo a apporté le Catane, alors ils jouent. Ce gamin a acquis une technique de jeu extraordinaire, il gagne à chaque partie.

Le troisième jour il ne fait pas très beau pour changer un peu, ils jouent au Catane toute la matinée. Ouf ! l'après-midi le ciel se dégage, ils vont à la piscine municipale, bien que Jacques n'aime pas beaucoup la natation, il s'amuse bien avec ses petits-enfants. Quelques longueurs, une glace sur le bord de la plage et voilà un bel après-midi de passé.

Ce matin du quatrième jour, le réveil des loupiots est un peu plus tardif. Ils rangent leurs affaires, ils repartent ce soir. Ils vont faire une balade aux alentours du hameau à pied avant de déjeuner. Le temps passe vite. Théo propose une dernière partie de Catane, mais Yohan et le papy en ont plus que par-dessus la tête.

— Il fait beau, oust ! tout le monde dehors nous allons faire une partie de palets ! annonce Jacques.

— Ah oui ! ah oui ! s'exclame Yohan.

Théo fait un peu la moue, il préfère de très loin les jeux de société aux activités physiques. La marche à pied du matin ne lui a pas vraiment convenu. Il accepte cependant la proposition du grand-père et les voilà dans la cour, palets en mains. La fin d'après-midi va se passer dans la détente, sans esprit de compétition, en attendant le goûter et l'arrivée de Maxime.

Tout a une fin, les voilà repartis chez eux. Le calme est revenu, Jacques se sent vide devant ce soudain silence, plus de palets, plus de Catane, le revoilà seul avec ses angoisses.

Bonne nouvelle, le centre aéré rouvre ses portes : à compter du 29 juillet, Jacques accueille ses deux petites filles Nina 10 ans et Chloé 11 ans. Elles vont lui changer les idées, mettre des discours et du mouvement dans la maison.

Les chipies

Récupération, demoiselles
Elles sont jolies les toutes belles
Elles sont chipies et se querellent
Nina et Chloé elles s'appellent

Ça fait le bouc et ça commande
Mais poliment toujours demandent
Vers leur papi les bras se tendent
Elles savent bien se faire entendre

On ne peut même pas jouer aux billes
Dommage, mais ce sont deux vraies filles
Ah les chochottes quand elles s'habillent
Heureusement ne se maquillent

Elles sont taquines et fripouilles
L'une à l'autre fait des chatouilles
Sur du papier blanc elles gribouillent
Se pincent les voilà qui font ouille

Quelle dure journée demain encore
Mais je les aime vraiment très fort

Le 30 juillet, ce matin, Papy Jacques emmène les deux « petiotes » à la recherche de la fée Mélusine dans son château, mais impossible de la voir. Même dans la forêt où elle aime à déambuler, ils ne l'ont pas vu. Pendant leur promenade, ils ont découvert le hameau de la Branlerie, refuge de résistants détruit par l'ennemi pendant la dernière guerre, tous ont été fusillés. Les deux filles ont été choquées de ce fait d'armes.

En sortant de la forêt sur le bord d'une haie, un drôle d'arbre détourne leur attention. Il a une forme assez bizarre, on dirait un écureuil géant. Ce serait, selon Papy Jacques, la fée Mélusine qui a pétrifié un chevalier de son château qui lui avait manqué de respect, le transformant ainsi en un arbre géant en forme d'écureuil. Ceci pour le punir et que tous les passants se moquent de lui. Il en invente des histoires à dormir debout Papy Jacques. Une dure journée, ils ont beaucoup marché, trop peut-être !

Le 31 juillet, pour occuper la matinée, Jacques organise dans le jardin paysager un grand jeu de piste sportif, mélange de Koh Lanta et Ninja Warrior. Ses petites filles sont aux anges, le grand-père n'est plus malade, dans sa tête du moins.

L'après-midi, elles jouent à des jeux de société. Jacques leur fait pour le goûter une gourmandise qu'elles découvrent avec joie : des Chamallows grillés au feu de bois. Pour finir la journée en beauté, ils sont allés à la piscine municipale. Jacques ne se ménage pas, il ne veut pas montrer à ses petites qu'il n'a plus tout à fait la même énergie.

Le soir du1er août, Jacques écrit un poème sur la journée passée à la vallée des singes de Romagne.

Vallée des singes

Au réveil tout le monde se magne
Allons voir les singes à Romagne

Dès l'arrivée sommes assaillis
Par plus de deux cents Saïmiris

Sous les arbres l'on se sent bien
Nous découvrons les Bonobos

Les Ouistitis, et les Mandrills
Sous le soleil leur pelage brille

Les Tamarins, et les Titis
Des Capucins, des tous petits

Le casse-croûte à côté des paons
Pour déjeuner prenons le temps

Enfin finir ce beau séjour
Par le Gorille c'est le plus lourd

Retour milieu d'après midi
Les singes les ont endormies

Le 2 août, le centre aéré est à nouveau fermé, la maison est silencieuse. La paix y semble religieuse. Jacques le vieil animateur est triste et ne prépare pas de jeux de piste. Où sont le chevalier écureuil, la fée Mélusine, les singes, où sont passées les deux petites ? Il va devoir se reposer avant d'aller ce soir à la fête du village.

François est passé voir Jacques bien des fois cet été, et subitement aujourd'hui le voilà qui se met à reparler de cette histoire de cousins. Nous sommes en septembre et le club de généalogie a repris, donc François est réactivé à bloc.

— Comment c'était le prénom du père de ta grand-mère ?

— Je ne sais plus, je ne l'ai pas connu, j'ai un doute entre Gaston et Alexandre

— Et le père de son père ?

— Alexandre ou Gaston !

Jacques ne sait pas, il s'en amuse.

— Ah bon.

Terminé, il passe à un autre sujet.

— J'aimerais bien faire un deuxième garage plus grand chez moi

— Pour quoi faire ?

— Je voudrais loger tout mon matériel stocké chez ma mère

— Ah oui effectivement il va te falloir beaucoup de place.

— Tu veux bien que l'on y regarde !

— Si tu veux.

Et les voilà partis chez François pour l'après-midi, un décamètre en main, du papier à petits carreaux et un crayon quatre couleurs. Ils vont tout mesurer, et regarder de près ce qu'il est possible de faire.

10
Encore plus

Mi-septembre l'été est déjà loin, et le moral n'est plus là. Nouveau rendez-vous avec le docteur Frappier, en complément des résultats du TEP, il peut annoncer le bilan de la fibrogastrique et de l'analyse des trois biopsies.

« Un gros pli fundique à l'entrée de l'estomac présente une infiltration tumorale plasmocyte avec monotypie Kappa. Il s'agit bien d'un lymphome de type Malt. Il n'y a pas de trace d'Helicobacter Pylori. »

Il prescrit un scanner thoracique fin septembre et une nouvelle fibrogastrique nasale en décembre.

Ce n'est pas avec cette annonce que le moral de Jacques va s'améliorer.

Fin septembre Jacques se retrouve face à un nouvel examen. Le scanner, c'est un examen qui ressemble au TEP où tout est plus petit. Le temps de diffusion du produit de contraste ne dure que trois minutes, mais aujourd'hui l'opérateur qui l'injecte n'est pas délicat avec la veine. Jacques en gardera un colossal hématome toute la semaine.

La machine est bien moins impressionnante que le TEP, le fonctionnement est sensiblement le même, une seule différence, Jacques repart avec le résultat.

« Aspect de masses tissulaires paravertébrales droites antérieures dont la plus importante est chiffrée à 36 mm de diamètre. »

Bien sûr sans explication et Jacques se demande bien ce que cela veut dire. A-t-il quelque chose aux poumons ?

Comme il ne regardera pas sur internet où l'on peut soit s'y rassurer soit s'y faire peur, il attendra de voir le docteur Frappier en se disant que s'il y avait un réel problème, ce dernier lui téléphonerait.

La fin du mois se termine par un examen de contrôle post-opératoire avec le chirurgien maxillo-facial. La cicatrisation de la joue et de la gencive est parfaite, ce qui semble plutôt rassurant. Jacques lui signale qu'il ressent toujours un peu de gêne à l'intérieur de la joue. C'est normal ! Le chirurgien a été obligé de toucher un peu un nerf qui restera sensible maintenant pour toujours. Jacques devra donc s'habituer à cette sensation pas sensationnelle.

Voyant que Jacques a quelques caries naissantes, il lui conseille de prendre rendez-vous avec son dentiste habituel pour traiter rapidement ses désordres sur les dents au cas où un traitement par chimiothérapie deviendrait indispensable, car dans ce cas il n'est plus possible de soigner les dents. C'est donc ce que fait Jacques. Il verra le dentiste trois fois avant la fin de l'année.

Juste avant les fêtes de Noël, revoilà Jacques et Lysiane en salle d'attente aile C du CHU pour une fibrogastrique nasale cette fois. Même porte, même petite salle d'examen, juste deux personnes, un médecin qui consulte le dossier sur l'ordinateur et l'infirmier qui accueille Jacques.

— Bonjour ! j'ai vu sur votre dossier que pour vous cet examen est impossible par voie orale, je vous montre donc le petit tuyau à passer par la narine.

Jacques est presque rassuré, le diamètre est à peine un peu plus petit qu'un stylo Bic.

— On va essayer ! je ne souhaite pas être endormi une autre fois, si ça passe c'est super !

— Asseyez-vous, pas besoin d'être couché sur le côté. Je vais d'abord vous introduire une mèche de coton dans chaque narine avec du produit anesthésiant pour insensibiliser.

— Jusque-là c'est bon.

— Un coup de spray dans la bouche, ensuite j'enlève les mèches et on passe le tube. Par quelle narine voulez-vous essayer ?

— La gauche.

Voilà que le tuyau souple entre dans la narine, au niveau de la gorge, l'infirmier demande à Jacques d'inspirer fort, et ça passe sans problème, jusque dans l'estomac où l'infirmier fera quatre prélèvements pour l'analyse pathologique. Le tuyau ressort aussi facilement qu'il est entré, c'est terminé, dix minutes montre en main. Jacques n'a presque rien ressenti, il sort retrouver Lysiane dans la salle d'attente.

— Déjà ! ils ne t'ont rien fait ? Ça n'a pas marché ?

— Si impeccable, je n'ai rien senti, juste un peu les prélèvements à l'estomac, je ne comprends pas pourquoi ils ne le font pas systématiquement par le nez.

Noël approche et Jacques n'a pas vraiment le cœur à la fête, heureusement que Lysiane l'encourage à recevoir tous les enfants et petits-enfants. Il passera donc une merveilleuse journée de Noël, pleine de joie et d'amour, mais aussi de fatigue. Beaucoup trop de bruit et de mouvement l'ont épuisé. Jacques et Lysiane passeront de 2019 à 2020 au calme, une soirée presque normale sans plus de festivité que les autres.

11
Année 2020

Examens complémentaires

Pour bien débuter l'année, Jacques commence par une suite de rendez-vous dentaire, les 6, 14 et 21 janvier. En ce qui concerne les dents, Jacques est paré à toute éventualité. Elles sont mises à presque neuves, avec l'âge du patient en plus !

10 janvier, rendez-vous au PRC avec le docteur Frappier. Dans l'attente des résultats, vu la date prochaine du TEP, il temporise son verdict pour le moment. La dernière fibrogastrique, prouve une infiltration massive d'une muqueuse gastrique de type fundique par un LMNH B de type MALT avec une différenciation plasmocytaire mono typique Kappa. Le scanner thoracique passé il y a quatre mois rappelle la présence de tâches pulmonaires.

Ils se revoient donc quinze jours plus tard, le résultat est sans appel :

— Votre TEP montre une majoration en taille et intensité du foyer à la base de la langue, ainsi qu'un renfort métabolique du fundus gastrique et une persistance des lésions pulmonaires !

Ce n'est pas vraiment ce que Jacques attendait, le voilà reparti pour une suite de nouveaux examens. Les rendez-vous s'enchaînent rapidement : ORL au CHU pour le contrôle de la base de la langue, avec une biopsie sur le foyer tumoral, sous anesthésie générale, et un nouveau scanner thoracique pour confirmer ou non la persistance des taches sur les poumons.

Quand il le faut, le Docteur Frappier fait accélérer l'agenda. Jacques et Lysiane se disent que ce n'est pas très bon signe.

En effet, ces deux examens révèlent une augmentation du lymphome. Dans l'attente du prochain rendez-vous, le Docteur Frappier va présenter le dossier médical de Jacques en RCP (Réunion de coordination du Pôle de Cancérologie), pour conforter le protocole envisagé. Jacques est inquiet, voire démoralisé, pendant les jours qui suivent, il sait pourtant à quoi s'attendre.

25 février

Je n'en crois pas mes yeux
D'un an je suis plus vieux

Dimanches aux samedis
Traversés par la maladie

Elle est devenue habitude
Avec plus ou moins d'inquiétude

Écrire n'est pas toujours facile
Être malade est difficile

Trouver dans la vie pour demain
Bien des bravos à pleines mains

Nouvelle année vient maintenant
Il faut y regarder devant

Profiter de belles aventures
Se lancer d'autres écritures

Parler peut-être de retraite
Se mettre à la peinture abstraite

Jacques ne souffre toujours pas physiquement de ce lymphome. Il est asymptomatique, avec dans ses pensées, le bricolage de la maison, les sorties, les enfants, les petits enfants, qui lui donnent toujours autant de courage. Et Lysiane, que ferait-il sans son soutien indéfectible, pour le meilleur et pour le pire dans le mariage, terme qui commence à vraiment prendre tout son sens.

Il a dans sa tête en toile de fond cette épée de Damoclès, si le pire était à venir. Donc il pense, il cherche un nouveau projet, pour continuer de vivre, comme le lui dit le Docteur Frappier « Allez y courez ! Bougez ! ». Et c'est ce qu'il fait Jacques, il le fera tant qu'il le pourra.

26 février c'est le rendez-vous tant attendu où le Docteur Frappier annonce le choix protocolaire validé en RCP. Il s'agit de quatre séances d'immunothérapie par Rituximab, visant à stimuler les défenses immunitaires de l'organisme contre les cellules cancéreuses. Ceci, toutes les quatre semaines, dont la première est le 9 mars, comme quoi ça peut aller vite s'il le faut. Jacques n'est pas surpris, il se rappelle des termes du premier rendez-vous du 22 janvier 2019, « Si la maladie n'est pas localisée, un traitement systémique pourrait être proposé ». C'est fait.

12
Dans le vif du sujet

Lundi 9 mars, un invité inattendu fait son apparition, personne ne l'a vu venir, sauf peut-être quelques infectiologues de réputation internationale. Pourtant, cet intrus pousse le monde entier à prendre des mesures radicales, des décisions encore jamais prises jusqu'à ce jour à une si grande échelle.

Ce que l'on en sait aujourd'hui, c'est que cette maladie appelée (Covid-19) est une maladie infectieuse due à un coronavirus découvert récemment.

Cette nouvelle épidémie de coronavirus, Covid 19, a un développement si rapide que les gouvernements imposent le confinement de manière ferme et incontournable à la moitié de la population terrestre. Ce Covid 19 se propage d'une telle façon que les scientifiques se laissent à penser que la moitié de l'humanité pourrait être contaminée avec un taux de mortalité de l'ordre de trois pour cent.

Encore un supplément d'inquiétude pour Jacques qui espère bien y échapper.

Depuis l'arrivée ce matin, au Pôle Régional de Cancérologie (PRC), après le passage au secrétariat, la montée par l'ascenseur au troisième étage en hôpital de semaine, Jacques et Lysiane attendent en chambre 309. Marina l'infirmière qui va s'occuper de Jacques explique le déroulement de la journée :

— Je vais d'abord vous mettre sous perfusion pour vous faire passer la prémédication, antalgique et cortisone, je vais en profiter pour vous faire une prise de sang (Pds), vous voulez être dans le fauteuil ou sur le lit.

— Sur le lit, je te laisse le fauteuil Lysiane.

— Ensuite je vous mets sous monitoring pour suivre votre rythme cardiaque et je vous prendrai la tension toutes les demi-heures.

Les choses se passent dans le calme. Lysiane est là tout va bien, Jacques aurait beaucoup de mal à affronter cette épreuve sans elle, rôle difficile, compliqué que celui d'accompagnant, mais tellement important, elle assure et rassure.

Voilà que tout est prêt, Jacques va pouvoir bientôt déjeuner modestement, Lysiane descendra chercher un sandwich à la cafétéria.

Marina, petite brune aux yeux verts, passe effectivement faire les contrôles toutes les demi-heures, en alternance avec Christelle, grande blonde aux yeux bleus, et il faudra attendre encore jusqu'à 15 h 30, pour débuter la première session d'immunothérapie, l'injection sous perfusion de 660 ml sera lente, très lente ; pour une durée selon la capacité des individus à supporter ou pas, comprise entre 6 h et 8 h. Le corps médical est prêt à intervenir au moindre petit incident, au moindre grain de sable dans les rouages du protocole de soins. Jacques écrit un peu pour se donner du courage.

La guerre chimique par immunothérapie va commencer dans un instant, attention mesdames et messieurs, non ce n'est pas le big bazar de Michel Fugain, c'est le bazar tout court. La guerre est donc déclarée à cet animal rampant, glissant, fuyant et se cachant dans quelques recoins de mon intégrité physique. Il se pourrait que l'arrivée de ces nouvelles cellules de défenses provoque quelques réactions rebelles. Bien qu'étant des alliées dans cette lutte, il faut qu'elles s'infiltrent sans choquer et sans contrarier les militaires déjà en place dans la forteresse, ces derniers doivent comprendre que sans le renfort de ces troupes armées de combat, spécialisées ; il ne sera pas possible de monter efficacement au front. Alors, il faut que j'accepte cette alliance pour gagner la bataille et pouvoir crier victoire.

18 h 20. Un bol de soupe et un yaourt nature c'est tout ce que Jacques peut ingurgiter. Lysiane rentre à la maison, Jacques a bien supporté le traitement, elle reviendra le chercher demain matin.

C'est fini, il est 20 h 37, Jacques n'a finalement pas trop écrit. Il a fait quelques mots fléchés entre deux visites de Marina et de Christelle, il a beaucoup discuté avec Lysiane réconfortante, regardé un peu la télé, juste un peu cela lui faisait mal de tête, la télé ou plutôt l'injection de Ritux, mais pas question pour lui de l'avouer, non il a lutté. Tout s'est très bien passé depuis le premier pallier à 55 ml/h, et l'augmentation progressive du débit à 375 ml/h jusqu'à' à la fin de la poche de produit.

Il va rester cette nuit en observation sous perfusion au cas où il y aurait des réactions collatérales dues au traitement.

20 h 42, simple visite d'au revoir de Marina, l'équipe du soir va prendre le relais. Jacques la remercie de son assistance tout au long de cette journée compliquée, Jacques n'est pas un ancien militaire, mais c'est comme cela qu'il parle du personnel médical, les soldats de la santé, du commandant, en passant par les lieutenants, tous les effectifs des troupes jusqu'à l'intendance. Jacques s'allonge sur le lit, il sait qu'il ne dormira pas. 1 h 23. Au cœur de la nuit, visite de courtoisie de Sylviane l'infirmière, surprise, Jacques ne dort toujours pas et semble aller bien.

Bonjour la vie à 5 h 10, Jacques n'a presque pas dormi, même si l'ambiance générale des lieux fut calme, entre les bips des machines et le lancinant ronron des pompes de perfusion. Sylviane passe discrètement, étonnée de le voir levé, ce mardi, elle pensait le réveiller.

— Vous avez dormi ? Comment vous sentez vous ? lui dit-elle.

— Entre presque rien et pas grand-chose, énervé toute la nuit, mais je supporte.

Il est 6 h 50, Jacques aimerait bien prendre le petit déjeuner, lui qui le prend vers 6 h 30 tous les matins, bizarrement il a faim et voudrait bien être déperfusé. Il prend son calepin, il va mieux :

« Débranche, débranche, débranche tout, je comprends pourquoi France Gall n'a pas chanté, dé perfuse, dé perfuse, dé perfuse tout, ça sonne moins bien. Je veux rentrer chez moi maintenant Jacques, rentrer maison. »

Il est 7 h 30, toujours pas de mouvement, personne, à part Jacques, personne n'a l'air debout :

Suis-je donc réellement un extra-terrestre ? Bon c'est vrai que l'on m'avait annoncé le petit déjeuner à partir de huit heures, j'ai juste faim, c'est plutôt une bonne nouvelle.

8 h 00 : Le milieu hospitalier se réveille, Jacques a ouvert la porte de sa chambre au cas où, on ne sait jamais. Les voisins de chambrée ayant fait le même constat que lui actionnent en cœur, dans leur impatience, leur sonnette d'alarme bip bip… bip… bip bip bip… Cette animation lui donne du « boum » au cœur, il écrit de nouveau :

Un vrai concert matinal on dirait du Jean Michel Jarre même sans l'oxygène. Je ne suis pas Jeanne d'Arc, mais j'entends des voix et un chariot qui se déplace dans le couloir en faisant de plus en plus de bruit… Mince, il vient de passer, ce n'est pas la cantine. C'est Sébastien l'infirmier de jour, « bonjour, bonjour monsieur ». Trois petits tours et puis s'en vont, j'aimerai bien en faire autant. Bon c'est quand le petit-déj ? Je sais ce n'est ni un hôtel ni une chambre d'hôtes. Oh, je viens de voir passer un plateau petit déjeuner, pas la peine d'être debout le premier. Ça bouge bien pourtant, il y a du monde dans la place. La jeunesse du personnel est vraiment surprenante et agréable, mais c'est aussi vrai que l'âge avançant, nous trouvons le monde travaillant de plus en plus jeune.

8 h 15 Patience et longueur de temps font plus que force et rage, c'est tellement vrai. Patience, nous pouvons l'apprendre tous les jours. C'est ce que Jacques aura appris pendant ce séjour hospitalier, la patience. Il faut dire que comme hyper actif, cela lui manquait un peu. En fait, il est bon de profiter de tout.

8 h 40 : Voici Sébastien, il prend les constantes.

— Tout va bien, un peu de tension ce matin.

Jacques de répliquer :

— Tu m'étonnes ! Ce sont les nerfs, l'effet booster de l'immunothérapie. Pour la sortie ?

Sébastien :

— Il faut faire valider par le médecin.

Dans la tête de Jacques, ça veut dire je sors, mais pas avant onze heures.

8 h 45 : Sébastien apporte le petit déjeuner, les deux petits pains, beurrés, confiturés, sont engloutis vitesse lumière. Ça va mieux, Jacques rassasié reprend son calepin :

Mais comment font-ils pour faire un café si mauvais ? Il doit avoir des siècles de réchauffage dans un percolateur ? Ou bien le café est fabriqué à partir d'un vieux compost issu de plates-formes de déchets verts ? Ou alors j'ai perdu le goût ce matin, oui on va dire que c'est ça. Bon maintenant je vais rester calme dans l'attente de la « dé perfusion » et du feu vert pour partir.

9 h 35 : Lysiane entrouvre la porte de la chambre. Jacques est en joie, le retour à la maison est pour bientôt. Il ne voit pas l'inquiétude sur le visage de sa femme, il se veut rassurant malgré lui. Elle comprend vite que la nuit s'est passée sans sommeil et sans douleur. Elle le prend dans ses bras. Il a une larme au coin de l'œil, un instant il s'imagine devenir une charge pour Lysiane. Il comprend que ce n'est pas facile d'accompagner un malade du cancer. Il ne veut pas être le boulet de service, il ne veut pas se voir diminuer, perdre de son énergie,

de la force, la vie. Il est « tristeux », triste et heureux à la fois de la voir. C'est pour elle qu'il va se battre, pour ses enfants, ses petits-enfants. Il se le dit comme un devoir de mari, de père, de grand-père.

10 h 00 : Sébastien entre dans la chambre le sourire aux lèvres. Il prend les constantes une dernière fois, enlève la perfusion. Il remet à Jacques le bon de sortie libérateur, une ordonnance de Zophren, médicament à prendre dès demain, pour les quatre à six jours suivant, et un bon de transport en VSL pour les prochains rendez-vous.

Jacques s'imagine faire des tours de Voiture Sport Loisir sur le circuit du Vigeant. En fait il s'agit de Véhicule Sanitaire Léger, pour effectuer les aller et retour de chez lui au PRC, pas vraiment ce qu'il aurait préféré.

Il part enfin, la plaisanterie aura duré vingt-quatre heures au PRC, lui qui aime la course automobile, ce n'est peut-être pas un hasard.

13
Et ça continue

Mardi 17 mars, c'est la première fois ce matin que Jacques va partir de chez lui en VSL, une Volvo S 60 boîte automatique. Virginie, la conductrice est très sympathique et a une conduite agréable. Heureusement, car Jacques n'aime pas se faire conduire. Le véhicule se gare devant le portail une heure avant le rendez-vous au PRC, c'est le temps utile pour être juste à l'heure. Une fois sur le grand parking, le chauffeur descend et l'accompagne jusqu'au secrétariat de l'hôpital de jour. Jacques est ensuite dirigé vers la salle d'attente ou une infirmière prend les constantes, tension montée à 21. L'appréhension est grande.

Elle le mène ensuite en salle de soins, où quatre méridiennes sont déjà occupées par des personnes en cours de traitement. Jacques s'installe donc sur celle qui est libre. En attendant le début des soins, il commence à écrire. La tension redescend doucement.

C'est le jour de la Saint Patrick, normalement assez festif, mais le Covid 19 a déclaré la guerre. Tiens, cela fait deux guerres ; la mienne contre le cancer et celle contre ce virus, selon notre Président de la République qui nous l'a annoncé rien que six fois hier soir. Cette guerre nous impose de limiter nos déplacements et de rester chez nous. Cependant, et c'est pour moi le cas, nous avons le droit d'aller à nos rendez-vous médicaux. Chose préférable quand vous êtes en traitement pour lutter contre un autre ennemi qu'est le cancer.

Je ne dis pas que le Covid 19 n'est pas grave, mais lorsque l'on est au PRC en chambre multiple, recevant une injection de Ritux, ce cocktail détonnant de chimie, on comprend la détresse de la maladie et la richesse de la santé. Ici, nous sommes entre cancéreux, avec patience et humour, nous dédramatisons sur le sujet, malgré les veines qui éclatent à la pose d'un cathéter parce qu'elles sont trop petites ou fatiguées.

Même si certains ayant des traitements longs se font implanter une chambre cathéter, l'exercice reste toujours compliqué. Comme si le cancer n'était pas assez difficile à admettre, il suffit de voir nos têtes défaites par la maladie, nous portons tous aujourd'hui des masques sur le nez et la bouche. Ils ne laissent entrevoir que des yeux cernés et tristes sous un crâne qui le plus souvent a perdu ses cheveux, ni par la calvitie ni par les vents marins.

La tension est redescendue à 14,7. Jacques est perfusé et la poche de rituximab posée avec un débit de 75 ml/heure.

Heureusement, les plus jeunes comme moi, il n'y a que des aînés aujourd'hui, mettent un peu d'ambiance pour dérider le reste de la morne troupe, sinon c'est Waterloo, cette salle de soins. Tous ici, ont la même patience que cette maladie impose, je n'irai pas jusqu'à dire de la résignation, nous savons tous que le vrai bonheur c'est de vivre, vivre encore, se battre. Ici, aucune différence, aucun n'est plus malade que l'autre.

Ils ont tous un cancer, dans le respect du courage et de la conviction que chacun y met pour sa guérison.

Mais aucun n'est dupe, et tous savent bien que pour certains d'entre eux, il n'y en aura pas. Ils n'entendront jamais le mot attendu, comme un gamin dans l'espoir de voir passer le père Noël au pied du sapin. Apportant ce merveilleux cadeau, la rémission.

Un simple mot, magique entre tous qui redonne le sourire, gomme les traces de ce mal, ouvre les cœurs à la joie de se retrouver guéri, libéré de cette souffrance et de tous ces instants hospitaliers, rémission.

Ces instants ne sont pas toujours faciles, mais ils remplissent bien l'agenda d'une vie de malade, mais une guérison trouverait bien à employer ce temps agréablement.

La moyenne d'âge des patients cet après-midi ? Je dirais 76 ans. Je suis le plus jeune. La chance, ou pas ; et comme ces anciens n'ont pas les feux de l'amour à regarder en souvenir du bon vieux temps, que font-ils ? Ils sont tombés dans les bras de Morphée, les calmants faisant effet. Je suis envahi par le ronronnement des machines à vapeur du début du siècle dernier. Si ça continue, je vais annoncer la prochaine gare pour qu'ils se réveillent. Au fait, en hôpital de jour nous n'avons ni étiquette ni bracelet d'identification, comme ce n'est pas dommage. Bon, les trains roulent encore. Je vais parier sur le premier qui stoppe la machine, celui qui se réveille tout seul, sans que l'infirmière, notre Vanessa du jour n'intervienne pour augmenter le débit ou prendre les constantes ; et nous on l'accélère ou pas ça fait trente minutes ?

Jacques se demande pourquoi il y a tant d'attente aujourd'hui, ça sent la panique à bord.

Revenons à mes paris, en un la dame en vert en face de moi, en deux la petite dame à ma gauche. Ce serait le top, c'est elle qui ronfle le plus, en trois le grand monsieur en face, c'est le plus vieux. Enfin en dernier le monsieur à ma droite, lui c'est le recordman du sommeil, il dort depuis presque une heure, il est lancé pour faire sa nuit ! Bon, on accélère ou pas, c'est l'heure.

Dans la chambre d'en face, une dame a fini ses soins. Elle prend ses affaires et s'en va, elle reviendra la semaine prochaine.

Yes, yes, gagné, la dame en vert vient de se réveiller, ça fait un sur quatre. Comment font-ils pour se laisser emporter dans cette inconfortable situation ? On dirait des bébés, l'âge aidant doit faire retomber en enfance et de sommeil. Les calmants ne me font rien, quelle chance pour moi de ne pas être un grand dormeur ! Je viens de vivre une heure de plus qu'eux. Bon Vanessa, on accélère ou pas tu es bien mignonne, mais il faut y aller maintenant. Yes, deuxième réveil dans l'ordre, la petite dame à gauche.

15 h 20 l'infirmière vient de passer le débit à 151 ml/heure, on a perdu une demi-heure.

Troisième réveil, c'est le vieux monsieur en face à droite, super j'ai le tiercé gagnant et par extension dès que le dernier se réveille, j'aurai les quatre dans l'ordre. C'est beau l'observation, ou l'intuition, ou encore, la divination, serai-je un divin enfant ? Non c'est du bol.

15 h 47, le débit monte à 227 ml/heure. Aujourd'hui c'est l'effervescence, beaucoup de monde en hôpital de jour. Certainement pour laisser des lits libres en prévision d'une possible occupation par les malades du Covid 19.

16 h 17 dernier pallier à 288 ml/heure.

C'est parti, après il y aura quinze minutes de rinçage, et enfin « dé perfusion ». Vanessa me laisse appeler le VSL pour un départ du PRC aux alentours de 18 h 00. Je reprends mes mots fléchés en attendant... ça occupe...

14
Des choses changent

Vendredi 20 mars. Il est 6 h du matin, Jacques est levé depuis longtemps. Il prend un maigre petit déjeuner et le stylo le démange :

Voilà deux matins de suite que je suis réveillé à 4 h 00. Les nuits ne sont plus pareilles depuis cette deuxième séance d'immunothérapie. Contrairement à d'habitude, je dors d'une seule traite, mais au maximum cinq heures par nuit et cela me suffit. J'ai l'impression de revenir à mes dix-huit ans à cette période où je ne dormais presque pas, pouvant parfois passer une à deux nuits blanches. En réalité, le sommeil n'a vraiment jamais été ma tasse de thé, quel temps perdu.

Des choses ont changé dans son esprit et dans sa façon de penser, depuis ce traitement, sur lequel se rajoute le Covid 19. Drôles de sensations, même si le deuxième ne lui rajoute aucun stress, même s'il est d'un naturel battant, cela devient de plus en plus difficile. Il monte en lui une base permanente de tristesse et d'inquiétude. Non pas à cause du lymphome, car lui, il se persuade avec conviction qu'il va partir, qu'il va réussir à s'en débarrasser.

Non, c'est un peu de morosité, certainement le fait d'être confiné à la maison, même s'il est content que Lysiane puisse de ce fait, y rester en télétravail. Depuis le temps qu'il réclame qu'elle soit plus présente. Il continue à écrire :

Je suis inquiet de penser à quel moment nous allons pouvoir revoir des êtres chers ? Quand serons-nous à nouveau réunis ? Pourrons-nous encore nous toucher, nous embrasser ? Penser qu'ils peuvent être en danger, bien que celui-ci soit potentiellement présent tous les jours. Donc je vais me mettre à relativiser, car le risque est partout et permanent, il suffit de regarder autour de soi, les accidents, les crises cardiaques, le cancer, etc., partout vraiment. Alors, sourions, ouvrons donc les lumières de nos yeux. Le confinement n'a pas l'air d'être engagé pour terminer demain.

Depuis mardi midi, nous en sommes au quatrième jour de confinement. Ce n'est pas pire que d'être cloué au lit avec une jambe cassée. Ce n'est pas le bagne non plus. En tous cas je ne me plains pas, il fait beau et contrairement aux personnes qui résident dans un petit appartement, à l'étage, en plein centre-ville je bénéficie de l'espace de la campagne sur un grand terrain et une maison de plain-pied. Je suis privilégié, dans ce petit hameau retiré des grandes communautés urbaines, où l'ordinaire journalier est presque déjà du confinement, tellement nous y sommes loin de tout. Cela m'évoque une petite pensée pour ma cousine Rose, qui ne se plairait pas ici, dit-elle, car il n'y a aucun commerce, aucune enseigne, mais, aujourd'hui, nous sommes logés à la même, tout est fermé.

Lundi 23 mars, c'est le retour de la Pds hebdomadaire. Jacques n'a pas trop bien dormi. Cela lui arrive de plus en plus souvent, mauvais rêves, angoisses, sueurs chaudes et froides, impatience dans les jambes et fourmillements dans les bras. Il attend tranquillement, assis sur le tabouret haut du comptoir du plan de travail de la cuisine, son copain Julien l'infirmier, le regard perdu dans le vide à travers la baie vitrée. Il ne voit pas le paysage, le fond de vallée derrière le feuillage du gros noyer bicentenaire.

Ce matin le décor intérieur et extérieur ne l'intéresse pas. Il est dans un autre temps absent de tout. Quand Julien arrivera, ils feront comme deux étrangers, pas d'empoignade, et encore moins de bises comme d'habitude. Les voilà, cachés derrière un masque, manucuré au gel hydroalcoolique, distant, quasiment muets, presque inexistants.

— Salut, comment vas-tu ce matin ? questionne Julien.

— Je vais, comme si j'allais nulle part ! répond Jacques.

Julien voyant que le moral n'y est pas, n'insiste pas. Il sait qu'il y a des matins ou le silence et juste un sourire valent mieux que tous les mots, mal venus parfois. La prise de sang est faite, si Jacques n'avait pas senti l'aiguille entrer dans sa veine, il aurait pu croire que Julien n'était pas venu.

15
Troisième fois

Mardi 24 mars au PRC, une heure que Jacques est arrivé, le plus long est toujours d'attendre la préparation de la poche de Ritux. Aujourd'hui, Laura l'infirmière lui annonce qu'il n'aura pas de cortisone associée. Normalement ce soir et demain il devrait rester calme, la cortisone ça énerve, donc pas excité et agressif comme les autres fois. Il lui réplique instantanément :

— Grosso modo, je serai moins con !

— Cela n'engage que vous de le dire, mais oui vous serez moins speed, c'est certain, répond Laura.

Quelques instants plus tard, le Ritux est prêt. De joie il reprend son calepin et laisse aller son stylo bleu. Il écrit souvent en bleu, le noir fait selon lui écrire de façon négative :

Voilà la Schtroumpfette qui arrive, oui Laura l'infirmière est en blouse bleue. Je suis dans la même salle et sur la même méridienne que la dernière fois. C'est parti pour une demi-heure avant d'augmenter le palier. Dehors, comme tous les mardis depuis le début du traitement, il fait un temps magnifique, mais pas moyen d'entendre les « cuicuis » des oiseaux, le bruit ambiant des pompes de perfusion est trop fort.

Le rush de la semaine dernière est fini, personne en début de traitement, que des vétérans cancéreux. Covid 19 oblige, les nouveaux patients devront patienter. Nous ne sommes plus que quatre dans la salle, la moyenne d'âge a baissé. La femme à côté de moi n'a que

46 ans et les deux autres personnes 75 et 77 ans, un peu de maths, moyenne rabaissée à 65 ans.

Et quand on pense que pour injecter certains produits de chimio, il faut soit un casque ou des gants réfrigérants. Ce n'est rien que du bonheur, un vrai plaisir cette chimie qui travaille le corps. Pourvu que cela soit efficace, en a-t-on le choix ? On a toujours le choix, mais au final qu'en reste-t-il ? Mon petit calepin n'ira jamais au bout de cette aventure. Lui ou moi, je préférerai être dans l'obligation d'en entamer un autre.

Les pages du calepin se remplissent au fil du temps, en bleu, peu importe ce qui est écrit. Tant que l'écriture le porte d'espérance vers la lumière d'une future nouvelle vie, guéri de cette sournoise et pernicieuse maladie. Si au PRC tout le personnel soignant est sympathiquement aux petits soins ; il va de soi que tous les patients seraient bien mieux ailleurs. Lorsque nous ne sommes pas confrontés à la maladie, ingrats que nous sommes, nous ne pensons pas à tout ce personnel, à la vocation qui l'anime pour nous sauver de tous nos bobos.

14 h 20 nous en sommes à 258 ml/h, il reste 388 ml à passer, bientôt le pallier à 288 ml/h. Si tout va bien dans deux heures, Jacques pourra partir.

16
Perte obsessionnelle

Vendredi 27 mars, depuis le début de la maladie en trois mois, Jacques a perdu du poids, il est passé de 72 kilos à 68 kilos, il écrit toujours :

C'est sûr, il faut que j'arrête de me peser aussi souvent. Il y a toujours des écarts de plus ou moins un kilo d'une fois à l'autre. Je pèse moyennement soixante-huit kilos. Moi ce n'est pas la technique « comme j'aime », ou « WW ». Moi j'ai tellement peur de perdre du poids, j'ai tellement peur de maigrir, j'ai tellement peur que ce soit à cause de cette fichue maladie, j'ai tellement peur d'en perdre que c'est presque devenu obsessionnel. Pourtant, je mange, presque bien, mais il est vrai qu'en ce moment je me dépense pas mal, l'exercice physique me libère l'esprit de l'emprisonnement du cancer. Il faut vivre comme dit le cancérologue, donc je brûle beaucoup de calories. Je suis affûté, pas comme un couteau de cuisine, mais comme à trente-cinq ans. Je me rassure comme je peux, avec la force en moins, pas celle de l'âge qui elle est un bénéfice, l'autre, celle de la masse musculaire qui se ramollit du fait de ne plus s'exercer. Il faut dire que depuis au moins dix ans je ne fais plus de sport, colossale erreur sûrement, mais je n'en ai plus envie.

Jacques vient de finir une journée de petit bricolage en douceur. Après l'effort, le réconfort, il prend une douche bien chaude, se cale dans un fauteuil, essaye de boire un thé. Il écoute sur la platine disque, un vinyle de Pink Flyod : Weldom to the machine. Il se revoit à l'époque où il faisait ses devoirs en écoutant de la musique pour oublier qu'il fallait les faire, tellement il se passionnait pour l'école ! À dix-sept ans, il était plus enclin à refaire le monde, dans lequel il trouvait comme tout à chacun à redire, lorsque l'on a en réalité rien pour se plaindre, hormis l'insouciance de la jeunesse et la santé.

Lundi 30 mars, Jacques ouvre les volets, et, oh surprise, il neige. La froideur et la blancheur matinale printanière de l'extérieur, rajoute à la tristesse ambiante, imposée par le confinement. Le chien ne veut même pas sortir. Il rallume le feu dans la cheminée et bien vite les flammes généreuses qui montent dans l'âtre animent la maison de gaieté, sous les reflets de leur lumière orangée. Le sourire s'inscrit sur son visage et le feu réchauffe non seulement l'atmosphère, mais aussi son cœur. Il réveille Lysiane pour qu'elle admire le spectacle des flocons tourbillonnants, bien sûr elle ne le croit pas.

Il ouvre les volets de la chambre et laisse la fenêtre ouverte, Lysiane lui demande de la fermer, subjuguée par l'épaisseur des flocons.

— Et la route, comment je vais faire pour aller au travail ?

Jacques a regardé sur la route.

— Ça ne tient pas sur la route tu vas pouvoir y aller tranquillement, tu as des pneus contact de toute façon.

— Tu es drôle, toi tu restes ici au chaud.

Elle se lève, se prépare pour partir plus tôt. Pour rien au monde elle ne manquerait une journée de travail, c'est son remède de guérison des maux du quotidien dont pour une grosse part le cancer de Jacques.

Mal d'estomac

Jour fatigué mal d'estomac
Et ce n'est pas du cinéma
Pas besoin de faire un schéma
Je reste donc en pyjama

Voudrais penser à autre chose
Impression que le ventre explose
Sommeil qui tombe paupières se closent
J'ai tellement mal repos m'impose

Rester allongé n'est pas mieux
Je me sens comme un petit vieux
Pas d'énergie je suis anxieux
Pense à courir à mille lieues

Me concentrer en intello
Mettre le cul sur un vélo
Cela vient-il du ciboulot
Devrais-je entamer un boulot

Ce mal est pourtant bien physique
Tout ne vient pas que du psychique.

17
Il faut en ajouter

Mardi 31 mars au PRC, 10 h 00, rendez-vous avec l'interne de service. Elle lui annonce qu'il y aura deux séances supplémentaires pour bien conforter le traitement. Jacques ne s'attendait pas à cela.

— La situation est plus grave que ce que vous pensiez, le traitement ne fait pas effet ? lui dit Jacques.

— Deux séances supplémentaires ne veulent pas dire plus grave, c'est simplement du confort médical, un atout de plus pour la guérison. Ne vous inquiétez pas.

Elle en a de bonnes, ne pas s'inquiéter, comment ne pas le faire. Jacques est un peu énervé, il file en salle de soins et en arrivant s'installe vite fait sur une méridienne libre, prend son calepin et un stylo bleu. Il a besoin de se défouler sur le papier :

Dans la série des mardis PRC, que je nommerai ici Mardinicale, en référence à la seule sortie de la semaine jadis vouée au seigneur, la sortie dominicale. Bref, c'est pour cela que le mardi devient Mardinicale. C'est aussi le jour du sauveur immunothérapie, c'est donc l'occasion de parler d'un autre sujet qui fâche, enfin qui me fâche. Effectivement, je n'aime pas que l'on dise que l'on a une chance d'attraper ceci ou cela, une maladie, d'avoir un accident, d'être au chômage, etc. Vous appelez cela de la chance ?

Je pense que dans tous les cas, il y a méprise sur le terme employé. Il ne s'agit absolument pas de chance, mais plutôt d'une probabilité malheureuse. Alors que la chance, elle, est à mon avis, destinée aux jeux et à des phénomènes joyeux. En aucun cas la chance ne devrait donc être associée à une probabilité sinistre de la vie.

18
Incompressible

Mardicinale du 7 avril au PRC, rendez-vous avec l'interne de service, rien de plus, heureusement, rien de moins, le traitement continue. C'est parti pour la cinquième séance d'immunothérapie. Dehors, il fait toujours un temps magnifique, comme d'habitude, longue attente des fameux 660 ml de Ritux, aujourd'hui, annoncée à deux heures. Ce qui laisse à Jacques le temps d'écrire :

Ici, le temps est incompressible, le temps c'est le temps un point c'est tout. Celui qui n'existe pas en heure, mais en unité de temps de traitement médical (TTM). Nous voici donc au premier étage du PRC, hôpital de jour, pour les classes 48, 50, 58, 65, 69 de la chambrée aux perfusions. 62 ans, l'inévitable calcul de l'âge moyen des patients de la salle, qui ne sert dans l'absolu à rien sauf à faire passer le temps, surtout le mien. Il ne va encore pas être possible d'envisager une sortie avant 16 h 00, parti comme c'est parti selon le TTM.

Enfin si l'on se place sous un autre point de vue, une longue journée de perdue au PRC, c'est l'espoir d'une multitude de journées gagnées pour vivre en bonne santé plus tard et plus longtemps. Et puis, le temps, le temps, le temps, c'est quoi aujourd'hui ?

La prochaine sortie sera mercredi 15 avril. Le jour est décalé, en attendant un possible déconfinement, ou pas, même partiel, par lieu, par tranche d'âge ? Ritux posé, chouette, sortie… peut-être vers 16 h 30 ; pour l'instant je vais pouvoir aller déjeuner dans la salle de restauration en respectant les gestes barrières. Il va falloir être patient, encore, il n'y a plus que quatre places au lieu des seize habituelles.

Mercredi 8 avril

Je ne sais pas si je dois le peu de sommeil de cette nuit à la pleine lune, à l'immunothérapie d'hier, ou au fait que je me sois couché à 21 h 15 ; mais toujours est-il que j'ai fini de dormir depuis 2 h 00 du matin.

Voilà aujourd'hui un an que Patch, mon fidèle compagnon canin a rejoint notre foyer. Il a bien grandi, il est très gentil et obéissant, bon chien de garde. Dire que je n'en voulais pas, à cause des contraintes, mais elles sont inexistantes, comparées à tout ce qu'il m'apporte et pas que sa balle. C'est un facteur supplémentaire à ma guérison, nous nous comprenons bien mieux qu'avec certains humains, oui au pluriel. Nous partageons tous les instants d'une journée. Il m'attend derrière la porte dès mon réveil. Il me suit pas à pas, de pièce en pièce, de fauteuil en canapé, de l'extérieur à l'intérieur. Je me repose, il se repose, quelle complicité.

Avec lui pas de fausse monnaie, tout est vrai, le jeu, la gaieté, l'inquiétude, l'écoute. Il me connaît sur le bout de ses moustaches. Il sait mes humeurs, si je vais bien ou mal. Il sait me réconforter. Il est infatigable, il ne se lasse jamais de jouer. Si je ne suis pas là, il se met en léthargie et m'attend avec impatience. À mon retour, il montre sa joie par sa démonstration de mouvements en tous sens, presque incontrôlés, enfin c'est ce que l'on dirait, car il tourne et vire, cherche sa balle, il faut jouer, lancer la balle. Il m'attrape par la main avec sa gueule et me dit :

— Viens, viens, lance la balle.

Vous ne me croyez pas ? Mais si, il parle, vous ne l'entendez pas ? C'est que vous êtes sourd ou que vous ne parlez pas le chien. Il parle à sa manière de chien, lui et moi n'avons pas le même langage, mais nous savons exactement ce que l'un et l'autre veut dire, gestes et paroles n'ont aucun secret pour nous.

19
La dernière

15 avril au PRC, Jacques a sur sa gauche la même dame que la semaine dernière, quarante-six ans. Sa chimio marque le pas, la différence d'apparence commence à se voir. Elle a perdu la moitié de ses cheveux. L'immunothérapie ne fait pas le même effet. Comme d'habitude il sort son calepin.

On se croirait dans un film de science-fiction où chacun vient pour refaire le plein de tout ce qu'il veut. Pas besoin d'imaginer plus loin l'intubation du respirateur luttant contre le Covid. Cette fiction impossible le siècle dernier est aujourd'hui la réalité, quelle sera-t-elle dans un siècle ou deux. Ouf, nous sommes sortis du moyen âge, nous y serions assurément morts avec ce type de maladie. De toute façon à cette époque, il était difficile d'atteindre notre âge, car l'âge moyen du moyen âge était plus que moyen.

Bip bip bip de partout, impossible pour Jacques de se concentrer sur l'écriture.

Je pense avoir écrit n'importe quoi, c'est le jeu au PRC avec ces bips de fin des poches de perfusion, dans l'attente de la suivante. La dame qui est à côté de moi a les yeux bien cernés et fatigués, elle a maigri. Ses cheveux et ses sourcils, je n'avais pas fait attention, moins de quatre-vingts pour cent du système pileux, trop injuste, trop... c'est... Ah... zut je viens de somnoler quelques instants, première fois que cela m'arrive, comme quoi on peut se satisfaire de tout quand on est satisfait de rien.

Le lendemain, Jacques se lève sans élan, sans allant, sans aller, sans retour ; avec seulement ce sentiment que pendant le confinement il lui manque la présence d'êtres chers. Tellement surprenant que ceux à qui il pense en premier sont les plus distants et qu'il ne les voit pratiquement jamais.

Une semaine plus tard, Jacques, ne semble pas trop angoissé, il va plutôt bien, si ce n'est ce problème de réveil toujours matinal, entre 6 h et 6 h 15, régulièrement. C'est à ce moment privilégié, dès le lever du jour qu'il trouve l'inspiration pour écrire et méditer dans le calme d'une maison encore endormie, dans ce hameau ou seul lui et Patch son chien sont réveillés. D'ailleurs pourquoi il s'appelle Patch, parce que lui aussi est un médicament sur quatre pattes ; Jacques prend son calepin :

Le coq n'a pas encore chanté, il vocalise un peu plus tard. Personne ne fait de bruit ni le chien ni moi, nos habitudes rythmées font que seuls les gestes nous suffisent pour nous comprendre. Le seul mot qui pourrait l'animer si tôt c'est sortir.

Il est sept heures pile à la pendule de la cuisine, les volets roulants sont ouverts, le ciel est grisonnant, pluvieux, pas engageant.

Peu importe le temps qu'il va faire, ce qui compte c'est ce que nous allons faire, c'est à dire pas grand-chose Monsieur Patch, je suis fatigué avant de commencer.

Le temps se passe à rien, il est 10 h 00, ce mardi, c'est le rendez-vous médical de la Pds mensuelle à domicile. C'est Julien l'infirmier qui s'y colle. Jacques va devoir en prendre l'habitude, puisque cela va durer encore pour une année de contrôle sanguin.

20
Affaire à suivre

Fin avril, Jacques se demande s'il est utile d'aller à ce rendez-vous du 4 mai avec l'ORL, tant qu'il n'a pas les résultats de TEP, qui aura lieu le 24 mai.

Je vais téléphoner pour le faire décaler, même en visioconférence, cela ne sert à rien, que peut-on y voir sur la base de la langue et les cordes vocales. Je pense que pour l'instant il est préférable de laisser le traitement faire ce qu'il a à faire. C'est pénible, on se croit tranquille de tout, et puis une date que l'on avait presque oubliée, remet en mémoire ce contre quoi l'on se bat au quotidien, en venant frapper à la porte du moral.

Parfois les choses s'arrangent toutes seules, en milieu d'après-midi, le secrétariat ORL annule le rendez-vous du 4 mai, dans l'attente de résultats d'examens.

Il y a des moments où l'immobilisme se veut insistant dans la vie, entre le confinement et les séances d'immunothérapie, c'est encore plus frappant. Les journées sont longues à ne rien faire pour Jacques. Entre une lecture et une émission de télé, il pense à des jours meilleurs, des jours où Lysiane sera elle aussi à la retraite, des jours où tous les deux pourront profiter de la vie si possible en bonne santé. Il s'y projette avec joie et tout à coup il déprime, il aura soixante-sept ans, enfin s'il est encore là. Le voilà parti dans la tourmente d'une courbe sinusoïdale, positive, négative. Parfois il ne veut pas sortir de chez lui et maintenant qu'il y est obligé par le confinement, il voudrait aller se promener, contradiction et confusion accompagnent son quotidien.

19 mai, en attendant le passage de Julien pour la Pds.

C'est drôle, nous sommes ainsi faits avec le pouvoir de s'habituer à tout, cette incroyable force, ou faiblesse, l'une de lutter et de résister, et l'autre d'accepter et de lâcher prise. Au final, rien n'est simple et rien n'est compliqué, les choses se passent, un point c'est tout.

Jacques a le sentiment d'être dans le milieu médical comme un écolier en contrôle continu. Les examens reviennent tous les trois ou quatre mois, et à chaque fois la même angoisse du résultat, progression, régression, ne sachant plus trop à quels saints se vouer. Demain, le 25 mai Jacques passe son troisième TEP, il ira seul, et dans neuf jours le 3 juin sa quatrième fibrogastrique.

Puis il y a à nouveau l'attente des résultats, jusque dans le bureau du Docteur Frappier le 17 juin, où il annonce l'échec du traitement par immunothérapie et la persistance des lésions fundiques à gros pli, correspondant au lymphome de MALT. Il pense que le TEP a été fait trop prêt du traitement et que celui-ci peut encore faire une action bénéfique. Il reprogramme donc un autre TEP, dans trois mois le 7 septembre et un bilan sanguin tous les mois. Jacques sort de ce rendez-vous le moral dans les chaussettes, attendre encore, s'inquiéter, jusqu'à quand ? Trois mois qui s'annoncent extrêmement longs.

19 juin, encore la Pds, Jacques aime bien Julien, mais il commence à en avoir marre de le voir pour ce genre de rituel, les prises de sang. Il en note bien trop souvent sur son agenda, comme tous les autres rendez-vous médicaux. Jacques a l'impression de consacrer tout son temps à la médecine.

20 juillet, 7 h 45 voici Lucie l'infirmière pour la Pds, Jacques la surnomme Madame Kalémingelé. L'élégante blonde a, l'été comme l'hiver, la température des mains très en dessous de la moyenne nationale, aux environs de moins zéro. Dès qu'elle vous touche, le sang se glace, les veines roulent et se cachent sous ce qui reste de muscle sur le bras. Ce matin elle a un peu de temps, Jacques lui propose un café, pour faire remonter la température de ses doigts aux ongles joliment colorés, façon arc-en-ciel. Rien du tout, le café ne change rien à la température de ses doigts.

21
La vie continue

Le 3 septembre, Jacques, et Hervé le Duc de Teillé, qui est en repos, ont rendez-vous au logis, pour regarder comment réaménager la partie du bâtiment de l'aile nord, anciennement occupée par le père d'Hervé. Ils prennent les dimensions de toutes les pièces, au rez-de-chaussée, comme dans les étages. Les idées se griffonnent sur le papier.

— Tu vois Hervé, pour moi la priorité serait de refaire une salle de bains plus moderne dans le même volume, et de réduire la taille du palier de l'étage pour augmenter les surfaces utiles.

— Oui, bonne idée, cela m'embête un peu de démolir une cloison, mais c'est à voir.

En fait Hervé ne veut pas trop chambouler la distribution du logement. Il a tant de souvenirs en ce lieu, par contre il est d'accord avec Jacques pour faire tomber le mur du rez-de-chaussée, qui sépare le dégagement de la cuisine pour lui donner de la profondeur. Les travaux ne pressent pas, Hervé en a assez grand dans l'autre partie du logis pour toute sa famille.

La fin de matinée approche et ils vont faire un tour des douves sur lesquelles des canards sauvages se sont posés, peut-être vont-ils passer l'hiver sur cette eau chaude et poissonneuse ? L'autre faim aussi se faisant sentir, nos deux amis se rapprochent de la table, autour de laquelle ils reparlent du projet de l'aile nord du logis.

Que drôles seront donc mes jours
Avec Damoclès pour toujours

Rien désormais n'est plus pareil
Il faut profiter du soleil

Chaque jour qui passe est bonheur
Seconde, minute, et heure par heure

Toujours à fond lever les bras
Ne pas se cacher sous les draps

Cette dizaine est encore belle
Alors ma foi profitons d'elle

Ne pas se plaindre, être vivant
Profiter des petits enfants

Faire de la vie ce que l'on veut
Pour simplement y être heureux

Dans mes yeux verts la vie qui brille
Va-t'en plus loin sacrée faucille

Le 7 septembre, comme un refrain, une ritournelle, c'est un rite où la roue tourne elle. Bien trop souvent, Jacques y revient, sur le parking au pied de ce bâtiment vert sans fenêtre qui ne ressemble à rien d'autre qu'une boîte à chaussures, avec seulement une entrée à double porte vitrée coulissante automatique.

Jacques ne peut plus le voir et pourtant il n'a pas le choix. C'est la quatrième fois, il va passer un nouvel examen tomoscintigraphique, le TEP. Comme d'habitude il en ressortira avec le stress de l'attente du verdict, comme d'habitude il essaiera de penser à autre chose, de courir, de bouger, même si parfois au fond de lui il a envie de tout lâcher, se laisser aller, heureusement, cela ne dure pas bien longtemps.

La teigne

Elle ne vous choisit pas, elle frappe
Vous ou moi, nous tous, elle s'en tape

Elle invente tout pour détruire
Son objectif est de nous nuire

Elle aime bien les accidents
Qu'elle nous provoque à tous moments

C'est en véritable maniaque
Qu'elle envoie une crise cardiaque

Que tu sois jeune ou vieux, pas d'âge
Non, ce qu'elle aime c'est le carnage

Et comble de la perfidie
Elle invente des maladies

Et si les médecins les soignent
Elle en trouve une autre et t'empoigne

Oh, grand jamais elle ne s'arrête
Elle a le sang ancré en tête

En ce moment ce qu'elle préfère
C'est te refiler un cancer

François est à fond dans son projet de construction de garage. Il vient faire voir à Jacques les devis qu'il a reçus de deux entreprises de maçonnerie, couverture, locales. Il est radieux, car il trouve pour une fois que les montants sont corrects. Disons plutôt qu'ils ne dépassent pas ces prévisions financières.

— Regarde Jacques, j'ai deux devis pour mon garage, tu en penses quoi ?

— Je pense qu'ils n'ont pas mis longtemps à te répondre, tu as pris une option pour l'un ou l'autre ?

— Non j'attends d'avoir ton avis ?

Jacques regarde vite fait, en servant le café à François. Il n'y a pas trop d'écart de prix entre les deux, quelques centaines d'euros.

— Moi ce que j'en pense, c'est que vu le peu de différence de prix, je prendrai à ta place celui qui peut te le faire le plus vite possible, étant donné que tu es pressé.

— C'est un peu ce que je pensais, je vais les appeler pour voir leur délai d'intervention.

François est excité comme un gamin à l'idée que son garage puisse éventuellement se construire vite. Il en oublie son rendez-vous chez le coiffeur et reste avec Jacques tout l'après-midi pour regarder les devis dans les détails, quand à dix-sept heures trente, il n'a toujours pas pris son café, qui ne fume plus sur le coin de la table, il s'interroge :

— Tu voulais peut-être te reposer et faire la sieste Jacques ?

— Un peu, mais ne t'inquiètes pas, j'en ferai deux coup sur coup demain, enfin si tu ne passes pas.

Scanner thoracique

Rester dans le secret fatal
Pour trois minutes d'examen

Le sentiment d'être un gamin
Tu ne sais rien c'est médical

Deux heures d'attente n'est pas normal
On me l'a dit ce n'est pas bien
Aucune info, ni quoi, combien
Silence et joies de l'hôpital

Tâche de garder le moral
Savoir ce que fera demain
Rentrer du bois à pleines mains
Activité des plus banales

Ou un autre truc à deux balles
Enfin si tu étais malin
Demanderais aide aux copains
À plusieurs bras c'est idéal

Pas de résultat au final
Passée la nuit vient le matin

L'éternelle Pds matinale fait sortir de la nuit comme un vampire avide de sang notre Julien local. Il assurera aussi les Pds des trois prochains mois. C'est la fin du mois de septembre, les feuilles des arbres commencent à tomber, la sève rougeâtre de Jacques coule encore une fois dans le tube. Lui ce ne sont pas les feuilles qui tombent, c'est encore une fois le moral. Comme à chaque fois où une intervention médicale lui rappelle sa maladie, l'approche de l'hiver, les nuits froides, les fêtes de fin d'année, pour quoi faire, Jacques ne les aime plus beaucoup.

Jacques a souvent le moral en dent de scie, il passe fréquemment d'un jour à l'autre de la déprime, à l'humeur massacrante, à l'euphorie, et l'envie de faire mille choses à la fois.

Le mercredi 14 octobre, puisque le confinement est terminé, Jacques est plein d'initiatives sportives. N'allant pas trop mal physiquement, il décide à 9 h du matin de faire un tour de VTT. Il faut juste dépoussiérer le vélo, regonfler les pneus et contrôler si les freins fonctionnent, tout va bien pour le cycle. Du côté de Jacques c'est plus compliqué, il ne retrouve pas son camel bag, pour emporter des barres de céréales et la boisson, pourtant il est sûr de l'avoir rangé dans le placard de la chambre.

En attendant, comme il est un peu maniaco-perfectionniste, il sort d'une caisse de rangement en plastique stockée au grenier, la tenue du parfait cycliste ; le cuissard long avec la peau de chamois, le maillot de coureur, la surveste chaude, les gants sans les bouts de doigt, l'indispensable casque, les lunettes de soleil qu'il ne prend pas, il n'y a pas trop de soleil. Il retrouve son camel bag dans une autre caisse et ses baskets dans le meuble à chaussures de l'entrée.

À 9 h 45, il a tout l'équipement, il n'a plus qu'à se mettre en tenue, habillé, le sac dans le dos. Il est fin prêt. Il a prévu de faire le tour suivant, sortir par le côté sud du hameau et faire une boucle pour revenir par le côté ouest, pour une première fois, cela fera l'affaire. 10 h 17, il part confiant. Il sort du village, il arrive dans le sous-bois, bien abrité par les arbres quand :

— Ah la vache, j'ai les mollets d'un nourrisson.

Au premier carrefour, direction à droite, à peine à un kilomètre de la maison, il n'avance pas comme il le pensait. Au deuxième croisement, il prend à gauche, un raccourci. Il ne fera pas la boucle prévue.

— J'ai les guibolles en coton, je n'avance à rien.

Le troisième croisement arrive, il est cuit. Il prend encore à gauche, direction la maison. Le revoilà bientôt côté ouest, le tour est fini.

— Ouf, je vois le portail de la maison et j'entends Patch.

Il est devant chez lui, le chien est derrière le portail.

— Tu sais Patch, je crois que j'ai eu les yeux plus grands que le ventre. Le chien en a sûrement ri dans son for intérieur, Jacques, non, il n'a fait que trois kilomètres et demi, épuisé, il ne remontera pas de si tôt sur un vélo.

Un point sur le Covid qui est de retour ou jamais vraiment parti, annonce de confinement le 28 octobre. Étrange le 16 novembre, Le Covid devient La Covid, ce virus est certainement transgenre. Le 15 décembre judicieusement pour les fêtes de fin d'année, dé-confinement, mais avec couvre-feu de 20 h à 6 h du matin, alors dors chez celui qui t'invite.

22
Année 2021

Drôle de sensation

Première journée de l'année dans le monde médical, Jacques se retrouve pour la cinquième fois devant la boîte à chaussures verte, 8 janvier pour la galette des Rois, c'est le TEP sur le gâteau.

Dimanche 17 janvier, cela fait aujourd'hui deux ans que Jacques a appris par message vocal sur son téléphone ce lymphome de Malt. Deux ans, et bien qu'il ait perdu du poids et soit souvent fatigué, il ne croit pas aller plus mal. Il attend les résultats de TEP du 8 janvier, par téléphone bien sûr, car il n'y a plus de rendez-vous en raison de la Covid. Quand on parle de la Covid, on dirait que l'on parle d'une danseuse de cabaret comme la Goulue du Moulin Rouge. Dans trois jours, il aura soixante-trois ans, tant de proches sont partis avant cet âge. Il reprend son calepin et se laisse aller à la morosité.

Ma pauvre mère de quatre-vingt-six ans, atteinte d'Alzheimer depuis onze ans, au bout du bout et que l'on vaccine contre la fille de cabaret, la Covid. Mais laissez-la partir ! De grâce ! Elle n'aura plus de retour à la normale. Mon père qui a le même âge qu'elle, toujours valide et qui se croit le plus malheureux, le plus malade, le plus à plaindre, vient juste de comprendre que ces deux fils pourraient partir avant lui, mais comme il le dit ; « je reste là pour vous soutenir » ; de quoi ? Ce genre de maladie est un combat personnel si nous n'avons pas la force interne de lutter, personne ne peut le faire à notre place. Oui cela peut aider, mais pas dans l'appui de la complainte comme le font la plupart des personnes. Il faut se battre dans la provocation de la vie, sans gémissement, sans amertume, comme un défi, avec seulement cette envie de vivre, d'exister. Bon et bien dans l'attente d'un appel téléphonique du PRC je vais en rester là pour aujourd'hui.

Vendredi 29 janvier, Jacques reçoit un appel du Docteur Frappier, « le scanner montre une légère reprise d'activité du lymphome du côté de l'estomac, mais rien de bien significatif pour envisager un nouveau traitement ». Pour l'instant, il suggère de passer un nouveau scanner dans trois mois pour voir la suite des événements. En trois minutes, Jacques vient de reprendre un sale coup au moral, le cancer reprend du poil de la bête. Jacques est reparti pour trois mois de doute supplémentaire. Tout cela par télé consultation, en raison de la Covid, la maladie est devenue simple comme un coup de fil, et difficile à admettre.

Le charme dans tes yeux

Tu es lancé en plein travail
Un coup de fil et tu dérailles

Secrétariat Pôle Cancéro
Calmé tu n'es pas un héros

Avons reçu vos examens
Il faut se voir ! Ouf, pas demain

Comme si de ne pas être urgent
Te rassurait pour un instant

Tu l'attendais cette nouvelle
Fais qu'entretemps ta vie soit belle

Tu m'as dit que tu te battrais
Très fort comme un cheval de traie

Ignorer cette maladie
Se battre et vivre tient pardi

Ce combat est toujours le même
Mais il faut d'abord que tu t'aimes

Oublie donc de devenir vieux
Garde le charme dans tes yeux

Jeudi 4 février, Jacques a aujourd'hui un drôle de pressentiment, il faut qu'il le couche sur son calepin :

Je ne suis pas dans mon assiette aujourd'hui pas plus que dans celle du voisin, je n'ai pas d'entrain. Rien avoir avec le cancer c'est un autre sentiment que celui qui vient me perturber parfois. Ces quelques fois où je ne me sens pas moi, empreint de quelque chose de surnaturel. Ces fois où je la sens rôder, ces fois que je n'aime pas parce que bien trop souvent elles me donnent raison. Sa présence en mon esprit pèse sur mon état d'âme, et c'est bien de cela qu'elle est en quête, d'une âme. Non je ne suis pas fou, je me passerai bien volontiers de ce sentiment, mais je n'y peux rien, il faut m'en accommoder. Parfois j'entrevois où elle peut frapper, et quand, en d'autres moments sur qui, mais là, non, rien, et c'est encore pire. Je l'imagine se présentant chez n'importe qui, ou plutôt chez ceux pour qui je crains. Mais quelle s'en aille, qu'elle aille voir plus loin si je n'y suis pas, même si je sais que ce jour elle ne se manifeste pas pour moi, je n'aime pas la savoir dans les parages. Il faut absolument que je m'occupe pour l'ignorer et que voyant mon indifférence, elle s'éloigne d'ici.

Vendredi 5 février, à 17 h 41, Jacques reçoit un SMS de Lysiane.

Ma collègue m'apprend qu'un gars du chantier s'est donné la mort.

Elle a encore frappé ! Jacques ne pouvait pas savoir qui c'était, il ne le connaissait pas cet homme, mais elle était bien dans les parages. Et bizarrement, encore une fois dans les sphères du travail de son épouse. Cela peut paraître insensé, mais c'est malheureusement tristement vrai. Jacques a cette particularité dont il se passerait bien de ressentir parfois la mort rôder.

11 février, quelques lignes lâchées sur le calepin :

Lassitude, c'est mon mot de la journée. Je vais faire plus que de me confiner, je vais m'isoler de toutes les sources d'information pour quelque temps, histoire de me reposer le cerveau. De toute façon je suis sûr que je peux rater un ou deux épisodes comme dans les séries télévisées. Je ne manquerai pas grand-chose et je n'aurai aucun mal à reprendre le fil de l'histoire, le feuilleton Covid est encore là pour un moment. J'ai envie d'être tranquille de me retrouver avec moi-même, il est encore temps d'hiberner.

23
Prendre l'air

20 février, Lysiane a réservé un week-end sur l'île d'Oléron, pour fêter leur sixième anniversaire de mariage et pour se ressourcer au bord de la mer. C'est toujours compliqué avec Jacques. Ce n'est pas facile de savoir quelle forme il a, cela peut varier d'un jour à l'autre, mais Lysiane sait qu'il a besoin de prendre l'air, le grand air marin, alors il faut y aller. Les voilà donc dans un petit gîte à l'Echardière sur la commune de Saint-Pierre d'Oléron à deux kilomètres maximum de l'océan. À cette saison, c'est le dépaysement total, il y a peu de touristes.

Il fait beau et l'on sent le relâchement. Il en était grand temps, après les examens médicaux, les consultations par téléphone avec le cancérologue, le confinement, le couvre-feu, les autorisations de déplacement, Jacques se sentait prisonnier de la maladie. Aujourd'hui il respire durant les promenades, les senteurs iodées sur la plage, s'émerveille du paysage, du mouvement incessant des vagues sous l'impulsion de la marée. Elles le confortent par leur va-et-vient incessant, lui faisant penser qu'il faut comme elle se battre pour exister, savoir reculer pour mieux avancer ensuite.

Jacques n'est pas amateur de pêche à pied et encore moins de baignade. Les balades avec Lysiane et Patch suffisent à lui redonner le sourire.

— Tu sais Lysiane que si les voyages forment la jeunesse, les petites escapades que tu me fais faire égaient le quotidien, merci.

24
Cela devait arriver

7 mars, ce dimanche Lysiane vient de se faire tester positive à la Covid 19. La voilà donc à l'isolement dans la chambre jusqu'au 14 mars inclus. Ce qui impose que Jacques aille se faire tester le lendemain matin.

Quand je dis que sa diffusion vient bien des croisements du monde du travail. Je dis que cela vient par le travail qui n'est plus la santé. D'ailleurs par où peut-elle bien venir puisque nous n'avons plus droit à autre chose ? Je ne suis pas stressé par ce test, car je suis presque sûr de ne rien avoir. Le coton tige dans la narine est paraît-il désagréable, probablement que oui pour ceux qui n'ont jamais eu de fibroscopie gastrique par voie nasale.

Je ne sais pas si je suis devenu comme tous ces gens qui ne parlent plus, qui sont agressifs, indifférents et suspicieux envers les autres. Ce Covid a enfermé le monde dans une colossale bêtise humaine, devrais-je dire plutôt inhumaine ? Les yeux ne sourient même plus derrière les masques, les visages sont ternes et inexpressifs. Je ne voudrais pas le dire, mais je crois que nous avons perdu, notre esprit de contradiction, franchouillard, gouailleur.

Il ne ressent pour l'instant aucun trouble. Sa femme en a depuis vendredi. Il ne comprend rien à cette histoire de transmission de la maladie, malgré tout ce que l'on peut lire ou entendre, et notamment, le fameux « pas plus de vingt minutes à moins d'un mètre avec un masque ».

Lundi 8 mars, le voici 188 avenue de la libération à Poitiers. Il s'agit de l'ancien dépôt désaffecté de la Direction Départementale de l'Équipement, secteur routier sud. Le test se passe dans l'atelier du parc mécanique, dans ce bâtiment devenu vétuste, sans isolation sans chauffage avec en option des fuites de toitures et des traces de moisi sur les murs, et que penser de la désinfection de ces locaux. Tout le folklore du cheminement par des barrières parisiennes, comme sur les marchés aux bestiaux, ce que l'on fait de nous, des moutons.

Pour Jacques, le coton-tige servant à tester le Covid dans le nez c'est de la « blagounette », à peine six secondes et juste un chatouillement au fond de la narine. Résultat ce soir ou demain sur le site du laboratoire.

Négatif, cela m'arrive parfois, mais cette fois je suis plutôt content, relativement car quand tu es négatif à la Covid et que tu as chez toi quelqu'un qui est en dizaine, tu dois être en quarantaine plus longtemps. Notez bien, je suis cas contact, donc depuis aujourd'hui je reste chez moi. Donc nous sommes à l'isolement chacun dans un coin. Je plains ceux chez qui cela n'est pas possible. Cela donne une probabilité plus forte de transmission par mon épouse, non ? Mais, cela vaut le coup du récit. Je dois rester à l'isolement jusqu'au 24 mars et après me faire tester à nouveau.

Deux solutions.

La première, positif, on ne sait pas comment, mais pourquoi pas, vu tout ce que l'on sait que l'on ne sait pas. Tu es positif, tu t'isoles chez toi dix jours.

La deuxième, négatif, tu retournes au travail, et pas de bol tu deviens cas contact d'un collègue, tu t'isoles chez toi dix jours.

J'espère vraiment être encore négatif sinon on change les polarités et ma femme devient mon cas contact. Moi je deviens quoi ? Fou, on recommence le cirque pour vingt jours ? Nous n'aurons bientôt plus besoin de nos jambes dans ce monde, on marche sur la tête ou ça vient de moi ? C'est dingue me direz-vous ?

Mardi 9 mars

Ce matin je suis à la ramasse, je n'ai pas bien dormi. Ma voisine de chambre qui tousse énormément n'a plus de goût, plus d'odorat. Elle a bien dormi, mais elle a balbutié quelques mots incompréhensibles, sûrement une poussée de fièvre nocturne. La Covid n'empêcherait donc pas les rêves. Dire que je suis négatif et que le point positif avec l'intrusion de la maladie dans nos murs, c'est que j'en oublie tout le reste.

Dimanche 14 mars

Me revoilà positif, c'est plus fort que moi, et oui il fallait bien que cela arrive, puisque la Covid est entrée dans la maison sans avertir. Présentant hier, quelques symptômes, genre nez qui coule et toux sèche, je me suis fait faire un test antigénique, à la pharmacie la plus proche. Tout se passe très bien jusqu'au moment où le test sort positif ; soudain c'est le branle-bas de combat. Je me suis senti plus mal que si j'étais la mort en personne, la pharmacienne change de comportement, elle devient effarée, presque en panique, comme si elle était devant un serial killer prêt à lui sauter dessus. Tout a été très vite « il faut que je désinfecte tout le local et le matériel ». Oui c'est le principe Madame. Moi je n'ai pas demandé à avoir la Covid. Je me suis retrouvé dans la rue en moins de trois minutes avec ma positivité. À quoi s'attendait-elle ? Si les personnes se font tester, c'est bien que parfois certaines sont positives.

Je me retrouve donc à la maison, à l'isolement jusqu'au 24 mars. Enfin presque puisque positif tous les deux dans notre duo-cluster, ma femme qui a toujours de la fièvre, peut être libérée de sa chambre. Maintenant, attendons de voir la suite des événements, et quitte à être positif, retrouvons le plaisir d'être à nouveau ensemble.

18 mars, Jacques n'a pas de fièvre, toujours le goût, l'odorat, et la plume facile.

Il y a un réel problème avec la maladie, c'est que tant que tu n'en as eu aucune, tu aurais une fâcheuse tendance à croire que cela n'arrive qu'aux autres. Tu cherches à te rassurer en te disant que tu n'es pas le seul et qu'il y a sûrement pire que toi.

Bref tu n'as la trouille que de ce que tu ne connais pas. Me voilà dans le monde des gens différents, ceux pour qui l'on se demande : pourquoi, comment, où, avec qui, hérédité, faute, maladresse, abus, irrespect… Pointé du doigt de ceux à qui il n'arrivera jamais rien parce que, eux… Ils sont eux.

Vendredi 19 mars

20 000 000 de Français vont être confinés à partir de ce soir. Je me rappelle de ce diagramme de la courbe sinusoïdale de la Covid du 30 avril 2020, faite par le Center for Infectious Disease Research and Policy (CIDRAP), nommée judicieusement "pics et vallées" qui nous emmène allègrement jusqu'en avril 2022. Avec tout ceci, j'en oublierai presque, le prochain TEP du 4 mai, les mains et l'esprit occupés. Le regard tourné vers autre chose, principalement des jours meilleurs ; à se laisser entrevoir un lendemain qui chante comme les moineaux qui dès le matin tapent leur bec sur la baie vitrée du salon avec cette persévérance incroyable de penser qu'ils vont pouvoir la traverser.

Il y a des matins où l'inspiration m'inspire, comme l'air que je respire et j'inspire beaucoup mieux au bout d'une semaine de Covid. Demain ça sera fini c'est ce que j'espère, j'expire ce n'est pas pire.

25
La grande

Le 5 avril, un coup de téléphone matinal, que Jacques n'attendait pas le surprend avec joie.

— Allo Jacques ! J'ai honte de ne pas t'avoir appelé plus tôt pour te demander de tes nouvelles !

— Ce n'est pas grave la Grande.

— Pas cool de ma part, tu en es où ?

— J'en suis à la maison, viens déjeuner avec moi si tu veux.

— Je ne veux pas te déranger.

— Depuis quand tu déranges la Grande, tu viens et puis c'est tout, je fais une simple pizza maison, tu verras comment je vais.

— Tu es sûr ? … Bon d'accord, je suis chez toi dans trente minutes.

— Ok, à plus.

Une demi-heure plus tard, la Grande gare sa vieille 307 break grise devant chez Jacques. Le chien, Patch reconnaît la voiture, il est comme un fou en cage, il veut sortir. Il aime bien la Grande, normal, elle lui cède toujours une miette ou deux de gourmandises.

Jacques sort, ouvre le portail coulissant. La Grande le trouve amaigri, les joues creuses et les yeux cernés, mais elle ne dit rien. Elle sait que Jacques n'aime pas qu'on s'apitoie, le chien tourne autour d'elle en demande de caresses et de friandises. C'est plus fort qu'elle, il a fallu qu'elle apporte quelque chose, un fromage de chèvre, fait maison, Jacques adore. Discrètement, la Grande fait un tour d'horizon des extérieurs du coin de l'œil, elle constate qu'il y a du laissé aller, dans l'entretien du parc. Jacques ne semble pas fournir comme il en a l'habitude ou peut-être n'en a-t-il tout simplement pas envie.

Ils entrent dans la maison et s'installent dans le salon, et discutent de tout, de Covid puisque Jacques et Lysiane l'ont eu. La Grande ne veut pas se faire vacciner, elle a toujours été contre. Ils ne parlent pas de boulot, ils sont tous les deux à la retraite, mais un sujet leur prend du temps, la famille, les enfants et petits-enfants. Jacques met la pizza au four et propose l'apéritif à la Grande qui ne souhaite pas boire d'alcool, elle est soi-disant au régime.

— Non merci, je fais un jeûne intermittent !

— Laisse-moi rire le seul vrai que je connaisse c'est Carlito, mon voisin, intermittent du spectacle et toi jeune, non ma vieille. Il se marre.

— Moque-toi de moi, bon allez une bière alors si tu as !

— Quelle volonté ! Une bière, c'est parti.

Jacques prend un jus d'orange. Puis ils passent à table, discutent et discutent encore, pendant le déjeuner, après en buvant une tisane aussi et en suivant le début d'après-midi. Le temps passe et ils ne voient pas l'heure soudain, la Grande s'exclame.

— Oh zut, il faut que j'y aille je dois récupérer Maël, mon petit fils à la crèche.

Elle part vite fait bien fait, Jacques est content qu'elle soit venue. Ils ont passé un bon moment de détente.

26
La routine

Mardi 12 avril, Jacques a rendez-vous chez le Médecin traitant, pour le renouvellement de son traitement, le sujet passe par la Covid, même si celle-ci n'a pas eu trop d'effet sur lui, à part des engelures sur deux orteils, c'est effectivement l'un des effets constatés. Donc selon sa pathologie, il doit recevoir une injection de vaccin, dans trois mois, cela ne le met pas en joie.

Il considère cela comme une obligation détournée, il faudra bien qu'il le fasse, s'il veut aussi aller au restaurant, au cinéma, en vacances, en voyage.

Bien sûr que le vaccin n'est pas obligatoire, mais le passeport vaccinal sans quoi rien ne sera possible, le rend indispensable. Libre choix d'être vacciné ou pas, avec ou sans sortie. Mais pourquoi tout ce cirque autour d'un vaccin, BCG, variole, TABDT, c'était quoi, des bonbons ?

21 avril, presque trois ans que Jacques est à la retraite et tout s'est adapté, lui pour commencer, le temps qu'il n'avait pas avant et qu'il comptait. Aujourd'hui il l'a et il ne compte plus. Il passe et accélère, il va de plus en plus vite. Jacques ne le regarde pas passer, il n'y prête aucune attention et le temps en fait de même à son égard.

Dire que Jacques en faisait toute une histoire et puis rien ne s'est déroulé comme il le pensait. Les pages se sont tournées, une à une, amenant un jour des pensées médicalisées à chaque lever de soleil ou rien ne compte plus désormais que les belles choses de la vie. Les choses simples, celles qui rendent heureux, celles qui font que ceux qu'il aime vont bien et sont heureux aussi. Rien n'est plus simple à ses yeux que le bonheur des choses simples, comme écrire sur la terrasse à l'ombre d'un parasol accompagné par le chant des oiseaux. C'est peu, mais cela lui convient, la théorie de Jacques :

Profiter de tout, c'est savoir profiter de rien, cela peut paraître compliqué, mais c'est dans ce qu'il y a de plus simple que ressort l'essentiel de la vie, la véritable satisfaction étant de ne pas être insatisfait.

Au début de cette retraite, Jacques craignait de ne pas pouvoir occuper son temps. Aujourd'hui c'est le temps qui s'occupe de lui, mais parfois entre deux rendez-vous médicaux, il le laisse faire absolument ce qu'il veut et c'est ce qu'il préfère, est-ce bien normal ?

26 avril, c'est la Pds des six mois, avec encore plus de critères à analyser, rien de plus difficile, juste un tube de sang supplémentaire à prélever. Heureusement, les mains de madame Kalémingelé ne palpent pas plus longtemps la veine pour autant. Ce matin Jacques traîne la savate, il n'a pas encore mis le nez dehors, bien qu'il fasse grand soleil. Il est ailleurs, ne sent pas les mains froides de Lucie. La journée s'annonce mal et il ne sait même pas pourquoi. C'est dans sa tête.

4 mai, sixième TEP, fauteuil de soin de la petite alcôve.

— Avez-vous déjà eu ce genre d'examen ? demande la très jeune infirmière, probablement nouvelle dans le service.

— Vous voulez que je vous explique, cela va faire la sixième fois et je m'en serai bien passé ! répond Jacques.

— Effectivement, alors allons-y comme d'habitude.

Et comme d'habitude, toujours pas de résultat en sortant, même motif, même attente, il faut que le patient ait la patience de patienter.

27
Rapidement

Dimanche 9 mai, Jacques, Lysiane et Patch, sont en week-end pour se changer les idées, au bord de la mer à Saint-Michel en l'Herm, où ils habitaient lorsqu'ils travaillaient en Vendée. C'est leur première sortie de l'année.

Hier samedi, ils sont allés tôt faire courir Patch sur la plage à la pointe de l'Aiguillon, pour défouler ses pattes. L'après-midi, farniente à la grande plage de la Faute, sous un parasol pour Jacques. Ensuite, la traditionnelle dégustation d'un cornet de glace, réglisse, ou litchi, au Lutin Givré, sur un banc de la place Dudit en regardant les passants, leur cherchant des ressemblances avec des personnages connus et leur inventant des discours. Ils avaient coutume de le faire quand ils vivaient ici.

Après déjeuner ce dimanche, Jacques reçoit à 13 h 55 un appel du Docteur Frappier lui signalant que la Pds du 26 avril et le TEP du 4 mai montrent que le cancer progresse et qu'il le convoque le mercredi 12 mai à 9 h 30.

C'est rapide quand il le faut, ce n'est pas bon signe... Je ne sais pas aujourd'hui, je ne le sais vraiment pas, je ne sais ni quoi penser, ni ou j'en suis, j'en ai marre, je ne veux pas... Lysiane, le moral n'est pas de la partie.

Lysiane est chamboulée pour le reste de la journée, de vieux souvenirs lui reviennent, un de ses frères est décédé d'un cancer des os à dix-huit ans, lorsqu'elle n'avait que trois ans.

Mercredi 12 mai, 9 h 40 bureau du Docteur Frappier

— Monsieur Martineau, votre TEP du 4 mai montre que les petits foyers et notamment à la base de la langue ont presque disparu, mais du côté de l'estomac il y a une progression donc nous allons être dans l'obligation de faire une chimiothérapie de 4 séances assez rapidement. C'est vous qui décidez si oui ou non, c'est la charte du patient.

Jacques et Lysiane se regardent un instant, dévastés. Il se ressaisit, il accusera le coup plus tard.

— Je ne m'attendais pas à cela d'autant que je ne vais pas plus mal, je ne souffre de rien, s'il le faut, je suis d'accord.

— Dans ce cas nous pouvons commencer le 25 mai, la séance d'immunothérapie et chimiothérapie associée, toutes les quatre semaines.

— Bien c'est rapide, mais très bien je préfère.

— Je vous prescris la pose d'un DIVLD, qui ne sera possible que le 21 juin le matin de la deuxième séance et un suivi NFS après chaque cure. Il donne ensuite quelques explications :

DIVLD (Dispositif Intra Veineux de Longue Durée), cathéter, introduit dans une grosse veine du cou relié sous la peau à un petit réservoir (chambre implantable). La pose se fait sous anesthésie locale d'un quart d'heure, c'est bien plus confortable que de se faire piquer les veines soumises à la chimio.

NFS (Numération Formule Sanguine), bilan biologique qui permet de mesurer les leucocytes ; les polynucléaires neutrophiles ; les monocytes ; les lymphocytes ; l'hémoglobine ; les plaquettes.

Jacques pense en lui-même :

Voilà nous y sommes à la chambre implantable, nous y sommes dans le dur.

Il comprend que ce traitement va s'installer dans la durée.

28
Nous y sommes

25 mai, étage 3 du PRC chambre 311, première séance d'immunothérapie et chimiothérapie associée, ou il est prévu de passer la nuit en observation comme pour la toute première fois. Jacques est seul, Covid oblige, le patient ne peut pas être accompagné. Il stresse un maximum, sa tension est montée à 18. L'installation, la préparation et la méthode sont les mêmes que pour l'immunothérapie avec des compléments, puisqu'il y a la chimiothérapie en plus. Il est ajouté à la prémédication du Zophren un anti nauséeux qu'il faudra poursuivre pendant six jours matin et soir. Jacques tombe des nues, car il apprend que chacune des quatre séances est sur deux jours :

Jour 1 : immunothérapie Rituximab 375 mg/m²
Chimiothérapie Bendamustine 90 mg/m²

Jour 2 : Chimiothérapie Bendamustine 90 mg/m²

Le protocole est presque le même que pour l'immunothérapie, il y a plus de produit de traitement injecté, et c'est bien plus difficile à supporter. Jacques n'écrit qu'un poème juste avant le début de la perfusion, après ce sera compliqué entre les prises de constantes, la régulation des débits, et les moments où il se sent vaseux. Pendant 5 h 30 il n'en a ni le cœur ni l'envie.

Hélicopital

Un hélico sur le bitume
En jaune et blanc
Un hélico comme une plume
En décollant
Dans un looping brasse l'écume
Dans son élan

Un hélico vole au secours
D'un accident
Un hélico sur le parcours
D'un imprudent
Porter des soins en ce beau jour
Va au-devant

Un hélico de l'hôpital
Samu dedans
Un hélico n'est pas banal
Par tous les temps
Défit la mort rien n'est fatal
Sauve des gens

Il passe donc une nouvelle nuit au PRC seul, drôle de nuit où il n'a encore pas bien dormi. Il y a eu beaucoup de bruit, de mouvements, le patient de la chambre d'à côté a été pris de vomissements plusieurs fois, bipant Valérie l'infirmière de nuit. Elle est passée à chaque fois voir si Jacques, lui, allait bien.

À 6 h 20 il est debout, il regarde par la fenêtre, le parking visiteurs est désert, il se recouche. Exceptionnel, il dort quand l'aide-soignante de jour lui apporte le petit déjeuner, il est 8 h 15. La séance de 90 mg/m² de Bendamustine commence à 9 h 00. Il est calme et fatigué. Après un léger repas qui ne voulait pas passer, l'interne de service lui apporte une ordonnance pour le suivi infirmier qui commence sept jours après chaque séance : une prise de sang hebdomadaire et une injection de Nivestim pendant 5 jours. Petit supplément auquel Jacques ne s'attendait pas. Le Nivestim est un facteur de croissance qui agit en incitant la moelle osseuse à produire plus de globules blancs à la suite d'une chimiothérapie afin d'aider l'organisme à lutter contre les infections.

Il repart en VSL à 14 h 00 en direction de la maison. La route s'est bien passée, une fois arrivé, il se couche et s'endort aussitôt.

Du 1er au 5 juin, Visite de Julien tous les matins, pour l'injection sous cutanée dans le ventre, une fois à droite, une fois à gauche, de Nivestim à 30 mui/0,5 ml, avec en bonus les Pds des 3, 10, 17, 20 et 24 juin, les veines de Jacques ne savent plus se cacher. Parfois elles font des petits bleus qui disparaissent d'une semaine à l'autre, on dirait des apparitions fantomatiques.

Voici la deuxième séance de chimiothérapie, nous sommes le 21 juin, en principe c'est la fête de la musique. Mais à 9 h, c'est surtout la pose de la chambre cathéter implantable. Jacques est donc conduit par l'aide-soignante jusqu'au bloc opératoire au rez-de-chaussée du PRC. Elle le laisse dans la salle d'attente, il y est seul.

Il est le premier à passer pour cette intervention. Il doit se mettre en petite tenue et revêtir une blouse bleue jetable, qui s'attache dans le dos. Problème Jacques n'a pas de mains dans le dos et il n'y arrive pas. Quelques instants plus tard, la chirurgienne entre dans la pièce, lui attache gentiment la blouse et le conduit au bloc.

Elle est très jeune, la tenue est impressionnante, elle est habillée tout en bleu de la charlotte jusqu'aux chaussures, à un petit détail prêt, elle a par-dessus comme un énorme tablier de soudeur en plomb revêtu de cuir, une guerrière de la légende de Zelda. Jacques s'installe sur la table d'opération, la chirurgienne lui pose le chant opératoire, en lui cachant la vue sur l'intervention. Elle lui montre la chambre qu'elle va lui implanter. Jacques ne stresse pas, il est endormi juste localement. L'intervention commence, une petite piqûre là où il faut pour insensibiliser, une entaille au-dessus du pectoral droit, et une au niveau de la veine jugulaire droite. Il sent tout, le tuyau glissé sous la peau, la chambre prendre sa place dans la poitrine, mais cela ne fait pas mal.

— Terminé, je nettoie juste votre poitrine, et j'enlève le chant opératoire.

— C'est rapide !

Cela n'a duré que quinze minutes.

— Je vous ai posé en même temps le cathéter, ce sera plus simple et stérile pour que l'infirmière vous perfuse.

— Merci, je ne me suis rendu compte de rien !

— Vous pouvez y aller, voulez-vous que j'appelle une aide-soignante pour venir vous chercher ?

— Non merci je vais me retrouver, bonne journée.

Il sort, retourne en salle d'attente s'habiller et remonte tout seul au deuxième étage en hôpital de semaine. Il n'a pas été endormi, il n'a perdu ni ses esprits ni le nord évidemment. Il a même rassuré, en la croisant une dame qui aller subir cette intervention.

Une brève rencontre avec l'interne du service, et il file rapidement en salle de soins. Effectivement, il est beaucoup plus simple de raccorder la perfusion au cathéter déjà en place. Quel confort, pas de veine ratée, pas d'hématome, l'esprit détendu ! Il n'y a plus qu'à se laisser faire et la chimiothérapie se passe sans problème. Le cathéter lui restera fixé sur la poitrine sous compresse stérile, jusqu'au lendemain.

Après un retour à la maison, et une nuit tourmentée par la peur de débrancher le cathéter en dormant, Jacques arrive pour le jour 2 au PRC, en salle des méridiennes. Il est le troisième ce matin, et le seul à avoir une chambre implantable, forcément les autres patients lui demandent ce qu'il en pense.

— Super, je ne crains plus pour mes veines et en plus cela fait gagner un peu de temps de préparation. Si vous devez avoir beaucoup de séances, vraiment faites-vous en poser une. Explique Jacques.

La séance se déroule bien et avant de quitter les lieux l'infirmière lui remet une ordonnance prescrite par l'interne. Il devra dorénavant prendre un traitement d'accompagnement de Bactrim, un anti-infectieux, Valaciclovir un anti-viral, et lederfoline pour corriger les anémies. Encore une médication complémentaire. Le lendemain, le Zophren n'aura aucun effet contre les haut-le-cœur. Il sera difficile pour Jacques d'ingurgiter quelque chose.

Du 27 juin au 1er juillet, encore Julien tous les matins, ce n'est pas le titre d'une émission de radio, c'est l'injection de Nivestim, et la série des Pds qui s'enchaînent.

Jacques commence à se dire que ce n'est pas si simple d'être en traitement par chimiothérapie. Il a quelques inquiétudes supplémentaires concernant la suite de ce protocole et des effets que celui-ci pourrait avoir sur lui. Ce phénomène étant accentué par les personnes qu'il croise au PRC, certains n'ont vraiment pas l'air au mieux de leur forme et de leur moral. Pour l'instant Jacques reste pudique et n'ose pas aborder le sujet avec eux, bien qu'il aimerait avoir un retour sur leur ressenti.

29
Un peu de répit

Jacques, Lysiane, veulent profiter un peu de l'été, entre les séances 2 et 3 de chimiothérapie pendant que la forme physique est encore moyennement présente, ils partent donc accompagnés de leurs amis Véronique, Hervé, et bien sûr Patch, dans le Cantal à Ydes. Samedi 10 juillet c'est le départ, tous les quatre s'insèrent comme un jeu de Kapla dans la Mégane Estate, avec le minimum de bagages sur la moitié du coffre, car l'autre moitié est occupée par Monsieur Patch qui lui n'est pas très satisfait de voyager dans si peu de place. D'habitude il a la banquette arrière pour lui tout seul, c'est maintenant un grand chien de 30 kilos, croisement de Golden Retriver et de Colley, de couleur écureuil à poil long. Jacques et Lysiane se relaient au volant, le premier vrai arrêt est à Oradour sur Glane, Véronique et Hervé n'y étaient jamais allés. Patch, Jacques et Lysiane eux se dégourdissent les pattes autour du site.

Il fait beau et les kilomètres suivants se passent dans le calme, sans commentaire. La visite a marqué les esprits, Saint Hilaire de Beauval, pause déjeuner, Egleton, lac de Neuvic, pause-café. Le chien en profite pour courir à s'en couper le souffle. Enfin Ydes et l'arrivée au gîte d'Elie, un corps de ferme en plein cœur de la montagne cantalienne, composé d'une grange fourragère et de deux maisons d'habitation, celle du fermier et le gîte. Un bâtiment dans la pure tradition locale en granit, typique avec sa cheminée gigantesque et le saloir pour conserver les aliments tout l'hiver. Un retour dans le passé, au repos au calme si ce n'est le son des cloches que les Salers portent autour du cou, pour localiser le troupeau dans la brume matinale.

Dimanche 11 juillet il fait un temps magnifique, les cinq compères décident d'aller faire l'ascension du Puy Mary. Il culmine à 1783 mètres d'altitude, c'est le moment ou jamais. Jacques n'est pas sûr de gravir les 195 mètres de dénivelé à partir du pas de Peyrol, mais il va essayer. Il faut environ une heure pour faire l'aller et retour à pied. Le sentier par endroits a été aménagé en escalier constitué de marches en béton, avec de fréquents paliers de repos. Les voilà donc qui affrontent les premières marches, c'est raide, très raide, Jacques va à son rythme gentiment aidé et tracté par Patch qui au bout de la laisse tendue comme un arc, tire et ne souffre pas du tout. À mi-parcours Hervé a pris de la distance, il est une quinzaine de mètres devant. Jacques se retourne, il voit Véronique la plus en bas assise sur un gros rocher, et quoi :

— Lysiane ! Pourquoi tu redescends ? lui lance-t-il.

— C'est trop dur pour moi et vous ne m'attendez pas !

— Monte à ta vitesse nous t'attendrons en haut.

— Non je descends c'est tout !

Lysiane n'est pas une grande sportive. Hervé arrive donc en haut le premier en un peu plus de trente minutes. Patch et Jacques et Véronique, aux coudes à pattes sept minutes après. On ne voit plus Lysiane au bas de la montée. Magnifique, cela vaut l'effort fourni, le point de vue à trois cent soixante degrés sur les monts d'Auvergne est incroyable. Jacques profite de ce moment près du ciel, loin de l'hôpital, il est vivant. Quelques photos souvenirs et c'est la descente, infernale avec le chien qui apercevant au tiers du chemin sa maîtresse, tire comme un fou sur la laisse.

— Tu aurais dû monter Lysiane c'est super.

Il la prend dans ses bras, heureux d'avoir pu effectuer cette ascension magique à ses yeux en cette période, il ne pensait pas pouvoir le faire.

— Je suis contente pour toi, tu sais bien que les escaliers ce n'est pas mon truc.

La terrasse d'un café du plateau de Peyrol leur tend les bras, un rafraîchissement bien mérité et ils repartent en voiture vers Salers, pour une visite de la ville. Il y a une légende que racontent les anciens du pays sur l'ours cantalien. Celui qui peut en voir un est un bienheureux béni du seigneur, une personne privilégiée à qui l'on doit le respect, considérée comme un guide spirituel de la vie et de la nature. Aucun d'eux n'a vu d'ours cantalien pendant cette balade, mais en arrivant en bas du col avec la voiture, Jacques aperçoit deux formes bleues au bord de la route.

— Regardez deux ours bleus du Cantal !

Ils éclatent de rire, mais pas les ours bleus qui les font arrêter sur le bas-côté.

— Bonjour Monsieur, contrôle d'alcoolémie, soufflez dans l'appareil !

Jacques est tranquille, il ne boit jamais.

— C'est bon, vous pouvez y aller !

Ils repartent et Jacques, toujours le mot pour rire, lance :

— Deux d'un coup, les ours, respect, nous sommes bénis du seigneur.

Lundi 12 juillet, c'est sûr qu'ils sont bénis, mais pas des dieux, par le ciel, il pleut. Le ciel est gris et la météo annonce de la pluie pour toute la semaine, impossible de voir à plus de trente mètres, il n'y a ni montée, ni descente, tout est devenu une morne plaine humide. Aujourd'hui ils vont faire une petite promenade au Puy de Saignes, un tour au bourg de Ydes, le tout sous la pluie, encapuchonnés dans les blousons. Pour passer le temps au gîte l'après-midi, Véronique prépare des crêpes, qu'ils dégustent en jouant au Code Name.

Mardi 13 juillet, c'est le seizième anniversaire du premier jour de vie commune de Jacques et Lysiane. Ce matin-là le blé se battait dans la chaleur ambiante, aujourd'hui c'est la pluie qui est battante. Ils voulaient aller voir le barrage de Bort les Orgues, ils iront juste faire un tour vite fait au marché de Saignes. Ils passent le reste de la journée au gîte devant des jeux de société.

Mercredi 14 juillet, ça sent le pétard mouillé et la pluie sans artifice ! Il fait un temps à ne pas mettre un chien dehors et Patch le sait bien, il ne veut pas sortir du gîte. Nos quatre courageux vont aller aujourd'hui visiter le barrage de Bort-les-Orgues, sur la Dordogne, c'est le troisième plus grand de France. Il a fallu 10 ans pour le construire avant de l'inaugurer en 1952. Nos amis sont impressionnés et se sentent tous petits au pied de ce monstre de béton de 122 mètres de hauteur. Son usine hydroélectrique a une puissance maximale 250 MVA. À l'intérieur, ils découvrent l'exposition sur les différents moyens de production d'électricité et leur fonctionnement. En ressortant, il pleut toujours, Hervé propose d'aller prendre un verre en ville, tout est fermé, sauf les parapluies, pas un commerce ouvert cet après-midi.

— Ne serait-on pas le 14 juillet ? dit-il.

— Évidemment, répond Lysiane, rentrons donc au gîte nous réchauffer.

Jacques allume le poêle à bois, avec l'humidité amenée par la pluie, ce n'est plus l'été ici, c'est novembre et jeux de société obligatoire. Quelles vacances ! Ce soir ni feu d'artifice ni bal du 14 juillet, tous ceux des alentours sont annulés pour cause de pluie.

Jeudi 15 juillet, même en vacances, il faut une prise de sang, Jacques avait pris rendez-vous par téléphone avant de partir avec l'infirmière locale, Martine Naud, dont le cabinet est sur la place du village de Saignes ; prénom, nom, village d'une pure coïncidence originale pour faire à Martineau une prise de sang ce matin. Ensuite, tous partent visiter le château fort de Val, du XIIIe siècle, qui a de justesse échappé à l'engloutissement par les eaux à cause de la hauteur initiale prévue du barrage de Bort sur les Orgues. L'eau du lac artificiel arrive désormais au pied de ses murailles.

Le ciel pleure, que d'eau, et cela ne fait pas rire nos amis. Le château de Val est à l'idée et à la hauteur de ce que Jacques en attendait, il y a longtemps qu'il voulait y aller, car il l'a peint l'hiver dernier d'après une photo publicitaire. Il avait mis un fond de ciel légèrement gris, mais celui du jour dépasse tout ce qu'il pouvait imaginer. Le tableau de Jacques reste fidèle à la réalité de ce site magnifique, même sous la pluie.

— Hervé ! Tu fais quoi, viens rapidement, on va commencer la visite ! lui lance Jacques.

Hervé prend des photos, des tas de photos, de tout, et il prend aussi du temps et sous le mauvais temps c'est pareil.

Un jeune guide à l'humour inventif leur fait découvrir ce lieu magique et son histoire quelque peu romancée. Une partie du Château est aménagée en galerie de peinture. Véronique a un souci avec l'art moderne. Il faut dire que pour certains tableaux, on pourrait bien se demander s'ils ont été accrochés dans le bon sens. Quand on en voit le prix, même si l'art n'en a pas, en tout petit sur l'étiquette collée juste dessous, entre 12 000 et 16 000 euros le tableau, elle se dit que peu importe le sens ou ce qu'ils veulent bien représenter, ces tableaux sont très bien là où ils sont.

La fin de semaine s'annonce avec une éclaircie ce vendredi, et une légère percée de rayon de soleil montre le bout de son nez, incitant toute l'équipe y compris Patch, à faire une balade piétonne autour du lac de la Crégut. Jacques est toujours devant, il marche sans attendre ses compagnons de promenade, il est en guerre avec lui-même avec son corps pour se prouver encore qu'il peut « Courez ! Bougez », se rappelle-t-il. Patch fait le yoyo entre lui et les autres comme s'il voulait rassembler le troupeau.

— Jacques, attends-nous à la fin ! Tu marches trop vite, lui lance Véronique.

— Je suis vivant je peux encore marcher ! Il les attend et cale ses pas sur leur rythme. Jacques a toujours marché vite et il en profite en cet instant de liberté en plein air, il n'a que cela en tête « Courez ! Bougez ! ».

Samedi c'est le voyage retour vers le quotidien, suivi d'une semaine ou Jacques ne fait grand-chose d'autre que de penser à cette semaine où il s'est senti toujours vivant et à la troisième séance de chimio, qui arrive vite.

30
Retour à la réalité

21 juillet, le rendez-vous au PRC est fixé à 10 h 30 au troisième étage en hôpital de semaine. Sur la route dans le VSL, Jacques reçoit un appel du secrétariat lui disant que le rendez-vous est décalé à 11 h 30 au deuxième étage en hôpital de jour, car il doit voir l'interne du service. Trop tard pour faire demi-tour ! Au final il est reçu par l'interne à 12 h 00, simple visite de courtoisie, juste pour lui dire qu'il aura deux séances supplémentaires. Jacques s'en doutait un peu, mais c'est encore ça de plus, pour faire passer la pilule, elle lui annonce qu'à partir de la prochaine séance le jour 2 se fera en Hospitalisation à domicile (HAD), il en rêvait. Puisqu'il n'y a rien de plus à signaler, Jacques va donc déjeuner au réfectoire de l'étage, puis s'installe en salle de traitement sur un fauteuil de soins. Il a le sentiment que le TTM va augmenter en durée aujourd'hui. Jacques est arrivé ce matin comme prévu initialement, cela fait 4 h 00 qu'il est ici, et rien ne se passe, il attend sagement que l'on s'occupe de lui en écrivant :

Heureusement que les salles sont climatisées à 20°, dehors il fait 32°, le ciel est bleu sans aucun nuage, nous sommes cinq dans cette salle 1. Je suis le seul qui ne soit pas perfusé. Vraiment quand on a perdu autant de poids que le collègue d'à côté, ça fait peur, il n'a que la peau flétrie sur les os... Aujourd'hui, j'aurai eu le temps d'apprendre à attendre, comme si cela était possible qu'attendre s'apprenne, je pense plutôt que cela se subit, dans l'attente du traitement qu'attendre en attendant ?

Il ne voit pas Marina l'infirmière s'approcher de lui, il est surpris :

— Ah, bonjour, vous êtes en jaune comme le soleil, avec le ciel dans les yeux.

— Bonjour, oui ciel dans les yeux, perfusion dans la main, on y va je vous branche. Lui répond Marina, elle n'a pas trop envie de rigoler. Finalement, lui non plus, à l'heure qu'il est, il ne partira pas avant 18 h 00. La journée sera fatigante et la soirée courte.

22 juillet 2021 au PRC, pour la suite de la troisième séance. Attendu à 14 h 00, perfusé à 14 h 10, tout va bien aujourd'hui. Que s'est-il passé hier ? Il fait toujours très chaud dehors, mais cette salle donne côté ombre. Les arbres sont immenses et ne laissent pas voir l'horizon. L'infirmière aussi est géante, un bon mètre quatre-vingt-cinq, Jacques paraît tout petit avec son un mètre soixante-huit. La grande Justine arbore une blouse bleu azur, sur les épaules de laquelle tombent ses cheveux bruns détachés, elle a de beaux yeux marron en amande.

Drôle d'idée, le monsieur sur le fauteuil, juste à ma gauche a une chambre cathéter et préfère se faire perfuser dans la veine, chacun son truc. Bravade ou bêtise, anticonformiste, c'est peut-être sa façon d'être fort. Il a un taux de plaquette très bas, et lui aussi trouve que l'anti nauséeux ne fait pas tout l'effet qu'il devrait. Je me demande comment cela se passerait si nous n'en prenions pas du tout. Waouh, en plus super Justine parle couramment anglais, nous ne sommes pas dans un film, mais il y a un patient Anglais dans la salle, youpi dans quarante-cinq minutes je pars !

Les voyages en VSL deviennent de plus en plus éprouvants. Le retour de ce 22 juillet est particulièrement pénible, interminable. Jacques ne se sent vraiment pas très bien, dès le septième kilomètre, il est pris de haut de cœur. Il ne supporte pas très bien l'odeur du véhicule, il se sent barbouillé et a envie de vomir. Le chauffeur ralenti gentiment, impossible de s'arrêter sur cette route à quatre voies, rien n'y fait. Jacques se retient, enfin arrivé chez lui, après ce transport compliqué, il a juste le temps d'ouvrir la porte de toilettes. Les vomissements continueront encore par intermittence pendant près de deux heures.

Depuis quelque temps, l'appétit baisse, le goût de certains aliments devient horrible. Jacques dit que cela a le goût de l'odeur des croquettes du chien. Il ne peut plus manger d'œufs, d'oignon, d'ail, d'échalote, de viande rouge, de vinaigrette, le pire reste le poireau, impossible d'en sentir même l'odeur crue, il ne veut plus en voir à la maison pour l'instant.

Du 28 juillet au 1er août, retour de Nivestim, et de la Pds. Julien est en congé, donc bonjour Madame Kalémingelé, sur les bras passe encore, mais sur le ventre ! Jacques a l'impression que ses boyaux lui remontent au cerveau. La place pour la seringue se fait rare, entre la peau qui se rétracte sous le froid, les hématomes à droite comme à gauche et ça pique un peu.

31 juillet, Jacques est assis à la terrasse. Il n'a pas beaucoup d'élan ce matin. À part écrire, il ne se sent pas capable d'autre chose, c'est surtout qu'il n'en a pas envie. Pourquoi devrait-il s'activer aujourd'hui plus que d'habitude ? Le moral est en gris clair ou blanc foncé, la nuance est faible.

Bonjour, le ciel gris, eh ! Coucou toi le triangle bleu qui pointe fièrement vers le firmament au-dessus du vieux châtaignier. Le temps ne fait pas débat, il ne va pas faire super beau. Les fauteuils du salon de jardin sont un peu raides, ils rappellent juste que la vie peut parfois l'être aussi. Il faut savoir prendre le temps de s'asseoir, de profiter, de regarder, d'observer, de se recentrer dans cet univers ; sur soi en priorité, c'est selon ma femme, aujourd'hui, moi la priorité. Être vivant, sans cela, rien n'a de sens, rien ne compte et plus rien ne sert.

Mais nous autres les humains sommes capables, chacun à sa manière et à son propre niveau de tolérance de supporter et de surmonter toutes espèces d'attaques de la vie.

Bien sûr nul n'est tenu de devenir un super héros, nul n'est infaillible. Il faut simplement aller au bout de notre résistance, sans jamais lâcher prise et s'avouer vaincu, sans un minimum de lutte. L'espoir de la lumière d'un nouveau jour qui se lève est une source d'énergie permanente.

Certes, la lumière a quelques fois des signes de faiblesse, elle vacille, baisse d'intensité puis peut s'éteindre, mais à toi de faire de ton mieux pour la maintenir allumée.

Voici le mois d'août, il fait chaud, peu importe Madame Kalémingelé, a les mains gelées, c'est à n'y rien comprendre ! Les 4, 11, et 17 août tous les matins, c'est la glaciation des veines de Jacques, elle doit venir d'une autre planète, Glaglatika peut-être, ce n'est pas possible autrement.

18 août, jour 1 de la quatrième séance de chimiothérapie, 11 h 00 rendez-vous avec l'interne de service qui annonce les résultats du TEP passé le 13 août à mi-parcours du traitement, il y a un début, légèrement visible, de régression du lymphome.

Jacques est mitigé entre content et déçu, il s'attendait plus à nettement visible, qu'à légèrement. Il se dirige donc après cette information avec un peu d'espoir tout de même vers la salle de soins. C'est Marina qui l'y accueille. Elle le reconnaît évidemment. Elle n'est pas en jaune ce matin, sa blouse est rose. Jacques lui dit simplement bonjour, elle est de bonne humeur et lui répond :

— Bonjour Monsieur Martineau, pas de jaune, aujourd'hui c'est la vie en rose.

— Pour moi plutôt morose et je n'écrirai pas de mots roses.

Il ne fait que des mots fléchés pour faire passer le TTM. Il a beaucoup de peine à déjeuner à la cantine de l'étage ce midi, rien ne lui fait envie, et surtout pas ce poireau en sauce béchamel, un yaourt nature sucré c'est tout ce qu'il peut ingurgiter.

À 17 h 45 le VSL le dépose chez lui, il est fatigué. Il prend une tranche de pain de mie beurrée, dont il laissera la moitié sur le coin de la table. Il boit un verre d'eau, et va s'allonger sur son lit et tombe de sommeil. C'est Lysiane qui le réveille en arrivant du travail, il est 19 h 30.

19 août, jour 2 de chimiothérapie en HAD, Jacques ne trouve plus son petit calepin bleu ce matin, il avait pourtant dit qu'il n'écrirait plus les jours de traitement. Il le retrouve comme toujours sur sa table de chevet dans la chambre, et il se met à écrire :

Ouf, HAD, je suis plus serein que de devoir me déplacer au PRC, à l'ombre tranquille sur la terrasse. Je suis content, mou du genou, mais je vais plutôt pas mal, hormis un gros manque d'énergie. J'ai une soif que même un éléphant n'aurait pas, la bouche sèche, sans salive et toujours ce goût prononcé médicamenteux au palais. Une vraie question, que va-t-il m'être possible de déjeuner ce midi, que je vais trouver bon, qu'est-ce qui va passer facilement et qui ne va pas se transformer en diarrhée ? Compliqué les repas ! Allez hop, force et courage comme d'habitude.

L'après-midi commence à peine et voilà, Jennifer, l'infirmière du Had. L'avantage, c'est que le produit est au frais dans sa glacière spéciale, il n'y a donc pas à attendre. Jacques peut juste déboutonner sa chemise et Jennifer raccorde directement la perfusion à la chambre cathéter, et le top du top c'est que la pompe d'injection a un débit constant qui fait que l'intervention ne dure qu'une heure au total.

Jacques est heureux, il peut faire comme chez lui, chez lui, c'est-à-dire aller et venir ou s'asseoir où il veut. L'infirmière reste jusqu'à la fin avec lui, il lui propose un café qu'elle accepte. Ils discutent et le TTM devient magiquement beaucoup plus court.

— Vous savez que c'est vraiment bien le HAD, pourquoi ce n'est pas possible la première journée ? lui demande-t-il.

— Parce qu'il y a la visite avec l'interne le premier matin qui fait le point entre deux séances !

— Dommage, en tous cas on est mieux chez soi !

Bref, HAD ou pas les deux jours suivants sont encore accompagnés de nausées et de coliques.

Le dégoût pour les aliments est de pis en pis, Jacques ne peut plus supporter les plats en sauce, l'appétit et le poids baissent, il ne mange que du blanc de poulet, un peu de poisson, des pâtes et du riz en se forçant. Il ne lui est plus possible de boire un café, non seulement à cause du goût, mais aussi en raison du phénomène déclencheur de diarrhées instantanées, il le remplace par du thé. Un autre effet de dommage collatéral, l'apparition d'aphtes, dus à la consommation d'ananas, de fraises, de tomates, de gruyère, et de noix, encore des aliments qu'il met sur le banc de touche. Il présente aussi des périodes de grosses fatigues qui le font dormir le jour à la demande et très peu la nuit. Parfois son visage devient gris vert comme la couleur d'un uniforme usé de la Wehrmacht (littéralement « force de défense »), alors que lui perd plutôt les siennes.

Du 25 au 29 août, Nivestim, avec une petite nouvelle, Anita jeune remplaçante pour l'été, pas de mains froides, un peu hésitante, il manque de la place pour piquer et cela fait un peu mal, ce n'est pas de sa faute bien sûr, la surface ventrale n'en veut plus de ces piqûres. Anita lui pose une question surprenante.

— Votre nom me parle, vous n'étiez pas collègue de bureau d'études avec un Christian Hamelin ?

— Si bien sûr, nous nous sommes perdus de vue, j'ai changé plusieurs fois de poste depuis.

— C'est mon père !

— Ah, ça alors, le monde est petit, la dernière fois que je t'ai vu tu devais avoir quatorze ans.

La conversation continue sur les événements des années passées, peut-être se reverront-ils ?

31
La descente

Jacques a de moins en moins d'énergie, il est fatigué, ses pensées sont parfois confuses. Il se vexe assez facilement pour rien d'ailleurs, ce qui était loin d'être le cas auparavant, quoi que ! Il passe en revue dans sa tête et dans l'ordre de naissance ses petits-enfants, il est toujours un peu perdu avec les dates, il les appelle les sept mercenaires :

Eliot, l'aîné, il a de la génétique culinaire en lui comme son oncle Maxime et le grand-père maternel de Jacques, il veut être cuisinier, un grand bien sûr !

Théo est très réservé, le sport lui fait peur. Il a deux passions : les mathématiques et l'informatique, il rêve d'être programmeur sur imprimante 3-D, il adore les jeux de société, il est un peu solitaire.

Chloé, la petite sœur d'Eliot, est douée à l'école. Elle aime l'histoire, les châteaux et leur architecture, impressionnant ce qu'elle en connaît, jeune fille calme et posée, elle voudrait apprendre la guitare.

Nina, longiligne filiforme, elle aussi aime bien l'école, elle peut être autant douce que chipie, elle a un côté artiste indéniable, elle maîtrise la technique du scrapbooking et apprend le piano.

Yohan, l'homme des bois, il aime vivre dehors. Il lui faut de l'espace, il voudrait parfois prendre la place d'aîné de son frère Théo, un petit défaut, enfin deux il est têtu et boudeur.

Axel, le blondinet aux yeux bleus est un rêveur, dans le monde qu'il se construit. Il est souvent seul, mais adore jouer avec son cousin Pierre, tous les deux c'est la tornade dans la maison.

Pierre, le petit frère de Nina est le dernier et le seul à porter un prénom ancien, il ne tient pas en place un zébulon hyper actif, intrépide, mais attachant, tendre comme un « chocolat carré » comme il le dit, il adore le chocolat noir.

Quand Jacques fait cette revue de casernement, ce n'est pas bon signe, car il a peur de ne pas les voir suffisamment longtemps grandir.

Après ce bel été radieux, dont la moitié du temps s'est déroulé entre la maison et le PRC comme des coffrets cadeaux d'hospi-box, toutes options comprises, Julien passe encore trois fois ce mois de septembre pour les Pds. Ils ont beaucoup parlé des effets secondaires de la chimiothérapie, la fatigue, le manque d'énergie, de force, d'appétit, du sommeil tourmenté. Ils disparaîtront avec le temps. Même si Julien se veut rassurant, Jacques n'y croit qu'à peine, il semble ne pas en voir le bout.

Depuis la cinquième séance de traitement des 15 et 16 septembre et la semaine du 21 au 26 septembre entre le vaccin pour la Covid, la Pds et les piqûres de Nivestim, Jacques ne se voit plus que dans le milieu médical.

Il a de plus en plus de difficultés à se concentrer. Il perd parfois les mots qu'il veut dire, et cela lui devient compliqué de se déplacer, en voiture c'est encore pire, il n'a plus les réflexes aussi rapides, dorénavant il laissera conduire Lysiane. Cette semaine il est descendu dans le bas du jardin à une trentaine de mètres de la maison, il a mis dix minutes à en remonter en faisant des pauses, la maison lui semblait à des kilomètres. Il ne le refera pas de si tôt.

Jacques a perdu du poids, il pèse 63 kilos. Il est passé de la taille 44 au 40 et du L au S, mais il soigne sa tenue. Il achète des habits à la taille correspondant à sa nouvelle morphologie, il prend soin de lui, il veut rester digne. C'est important pour lui de se respecter, de se trouver encore élégant, de ne pas flotter dans des vêtements devenus trop grands, pour lui, pour sa famille, pour tous. Il veut montrer qu'il se bat.

32
Dernière séance

Au mois d'octobre, ce sont les anniversaires de Théo et Axel. Jacques le sait, mais il ne se rappelle pas vraiment quels jours. De toute façon, il oubliera le moment venu et leur fêtera un ou deux jours avant ou après, comme d'habitude, et ce n'est pas la chimiothérapie qui va remettre sa mémoire en ordre. Même avec les dates sur l'agenda de son téléphone, il ne retient en ce moment que les rendez-vous médicaux et pour lui ce n'est pas si mal. C'est aussi le retour de Madame Kalémingelé, aux abris les veines, pas de veine !

À partir de la sixième et dernière séance de chimiothérapie des 13 et 14 octobre, Jacques n'a vraiment plus d'appétit, il essaie de manger un peu le matin, puis à n'importe quelle heure, cinq à six fois par jour de très petites quantités. Levé dès 6 h, il a le sommeil très perturbé, il fait systématiquement la sieste. Une bonne sieste de presque deux heures, c'est son meilleur sommeil de la journée ! Il bouge doucement, il bouge comme il peut toujours volontaire et grande nouveauté, il a froid, vraiment froid, toujours froid, sensation qu'il ne connaissait pas avant toutes ces chimiothérapies.

Jacques se demande comment il ferait s'il n'était pas à la retraite. Cela lui semble pas complètement envisageable de pouvoir travailler dans cet état de fatigue générale. Quel courage ont ceux qui le font ! Même quand il décide de ne pas s'allonger et de rester devant la télévision dans son fauteuil, il est comme sous hypnose loin des images et du son qui lui casse la tête. Au bout de quelques minutes, il finit par sombrer dans le sommeil, ce n'est plus lui qui regarde le téléviseur, mais le contraire.

— Mais pourquoi le son des publicités est-il si fort ? Je dormais si bien, dit-il en se réveillant devant une publicité pour une grande marque de parfum.

20 au 24 octobre, dernière semaine de Nivestim, la peau du ventre ressemble à une œuvre de peinture abstraite, devenue hyper sensible au toucher. C'est sûr que Jacques ne les regrettera pas ces piqûres. Les mains gelées de Lucie, il s'y habitue peu à peu, cela lui prouve qu'il ressent encore le chaud et le froid.

Fin octobre, Jacques a le nez qui coule, parfois les yeux qui pleurent. Il pense avoir un début de sinusite et il se dit qu'avec un peu de paracétamol cela va passer.

33
Lente remontée

Novembre amène sa tristesse approchante de l'hiver. La chimiothérapie a mis Jacques, bien à plat. Il commence doucement à se refaire une petite santé, il ne fait plus que 62 kilos et a perdu toute sa masse musculaire, un pack d'eau semble lui peser 50 kilos, il marche au ralenti, mais il positive encore.

Mince, j'oubliai que Julien passe ce matin pour la Pds, pouff ! Aujourd'hui je me sens moralement bien, les six séances de chimio sont finies et j'espère qu'elles ont été bénéfiques. Je ressens un peu d'énergie se repositionner dans mon corps. Je repense, et reconstruis des idées de projets, je tire des plans sur la comète, celle de mon univers personnel, enfin je crois qu'il en est ainsi. Univers qui se limite en fait à ce que mon quotidien soit rempli de choses les plus simples possibles. Je vais essayer d'aller faire un tour en voiture, je ne le dirai pas à Lysiane.

Effectivement il repense, à marcher surtout, marcher et se tenir debout, comme avant, retrouver son corps, sa force perdue. Il est à fond dans un projet de traverser la France à pied avec son sac à dos. Marcher, il n'a plus que cela en tête.

Son petit tour en voiture le transporte jusque chez Coralie.

— Bonjour mon petit papa, cela me fait plaisir de te voir !

— Je me fais violence pour conduire, mais il faut bien que je bouge.

— Dommage que les enfants ne soient pas là !

— Bof ! Avec la tête que j'ai, on dirait un vieux, je ressemble de plus en plus à ma mère.

— Papa, tu es jeune dans ton esprit et l'âge avance, c'est normal, mais tu es toujours beau.

Elle lui propose de lui couper un peu les cheveux.

— Regarde la chance que tu as, la chimio ne t'a pas fait tomber les cheveux et tu n'as presque pas de blancs.

— Oui, les têtes de fous ne blanchissent pas disait ta grand-mère.

Après cette légère coupe, Jacques se sent mieux, Coralie lui a redonné le sourire. Il va rentrer chez lui, étudier son projet de marche à pied.

Le 10 novembre, quand Julien arrive à 7 h 45 pour la Pds, Jacques est devant son écran d'ordinateur.

— Bonjour Jacques, déjà sur l'ordi ce matin, c'est quoi cette carte à l'écran ?

— Salut Julien, c'est « Base Camp » un logiciel pour faire des parcours de randonnées, j'ai envie de marcher, il faut que je bouge.

— Tu n'es pas encore au top pour faire de la randonnée !

— Tu rigoles dans ma tête je suis sur les routes, je prépare tout, le parcours, les temps de pause, les hébergements, tout quoi.

— Beau projet, je te souhaite de pouvoir le faire rapidement.

Pour Jacques, cela ne fait aucun doute, il le fera un jour ou l'autre. C'est un projet qui lui tient à cœur, il en rêve, même si Lysiane y met quelques réticences pour l'instant. Sera-t-il vraiment possible de le réaliser ?

Une autre visite de Julien pour la Pds, six jours avant le rendez-vous du 23 novembre avec le Docteur Frappier. L'état physique de Jacques ne laisse pas apparaître de signes généraux, hormis ces deux épisodes de sinusite, traités par antibiotiques, pas de syndrome tumoral clinique, depuis la dernière consultation. Le TEP passé le 16 novembre après la sixième et dernière séance de chimiothérapie conclut à une poursuite de la réponse métabolique, avec régression partielle des foyers ORL et du nodule pulmonaire supérieur droit, stabilité des condensations pleuropulmonaires bilatérales, régression métabolique complète de la lésion hilaire droite, stabilité de l'hyperfixation gastrique peu spécifique, pas de nouveau foyer.

Tout laisse à penser que la guérison est sur la bonne voie. Jacques verra le Docteur Frappier, dans trois mois, le 16 février 2022, suite au prochain scanner. Il pourra donc bénéficier d'une petite accalmie hivernale pour se reposer et profiter raisonnablement des fêtes de fin d'année.

34
Lueur d'espoir

Devant cet espoir naissant de guérison, Lysiane se dit que c'est le bon moment pour profiter de cette fin d'année et sortir Jacques de la maison. Ils partent donc en voyage, un grand voyage pour Jacques tellement inattendu, improbable à ses yeux. Le 17 décembre, ils prennent le train pour Roissy Charles de Gaulle et s'envolent pour Berlin.

À l'aéroport, ils sont attendus par Mélodie, son mari allemand, Reinhold et Solveig qui a bien grandi du haut de ses neuf ans, depuis le temps qu'ils ne l'avaient pas vu. Bien sûr qui dit Allemand, dit BMW, les voilà partis, direction Greifswald au nord-est, là où habitent les parents de Reinhold. Après deux heures sur autoroute avec des pointes de vitesse entre 220 et 250 kilomètres à l'heure, pendant lesquelles Jacques n'est pas très à l'aise sur la banquette arrière, Lysiane voyant qu'il stresse lui dit :

— Tu n'es pas rassuré, fais comme moi remets toi en à la grâce de Dieu.

C'est ce qu'il doit faire, car il finit par s'endormir de fatigue à plus de 200, il n'a jamais dormi aussi rapidement !

Le voyage se termine enfin par l'arrivée à Wieck, où Mélodie a loué un superbe appartement. Jacques n'a pas eu recours à la prière après l'Abendbrot, il va simplement se coucher, la journée a été longue.

Le lendemain matin, après un copieux Frühstück, pain complet, charcuterie, fromage, confiture, trop pour Jacques, direction le marché de Noël de Lübeck, encore à deux heures de route ! Heureusement, il y a quelques tronçons où la vitesse est limitée pour préserver la faune.

Lübeck est une ville magnifique dans un pur style gothique qui a été épargnée par la dernière guerre. Rien que l'arrivée par la porte de Holstein plonge les visiteurs au quinzième siècle, sa magistrale cathédrale, son église Sainte Marie et l'hôtel de ville sont des bâtiments remarquables. Par-dessus cela les décors incroyables du marché de Noël avec des chalets impressionnants de réalisme, la crèche animée, font que Lysiane et Jacques sont sous le charme. Ils n'en croient pas leurs yeux, cela valait bien ce voyage, le dépaysement par la distance et la barrière de la langue est totale. Une fois n'est pas coutume, entre deux tranches de Christstollen, Jacques se laisse aller à boire une tasse de délicieux glühwein accompagné d'une saucisse grillée.

En soirée, ils font tous les cinq, une courte promenade, dans l'ancien village de pêcheurs de Wieck, en passant par le pont basculant Wiecker jusqu'à l'embouchure de la rivière Ryck, ouvrant sur la baie du Greifswalder Boden où le soleil tire sa révérence en plongeant rapidement dans l'eau sur la ligne d'horizon.

Dimanche matin avant de se rendre chez les parents de Reinhold, invités pour un déjeuner traditionnel de Noël, ils font une visite à pied du centre-ville de Greifswald. L'ascension de la tour de l'église Saint-Nicolas qui offre à cent mètres de hauteur une vue superbe à trois cent soixante degrés de ce land de Poméranie.

À table, il n'y a plus de barrière de la langue, le saumon fumé, l'oie, la purée de pommes de terre écrasées, le chou rouge effacent les difficultés de communication. Si bien que l'après-midi, ils prennent les voitures pour aller voir la mer Baltique. Jacques en la découvrant n'en croit pas ses yeux, il ne pensait pas être aussi loin à l'est de l'Allemagne, si loin qu'il ne se trouve qu'à un kilomètre trois cents de Swinoujscie, sur la frontière russe. Il reste un long moment à contempler ce paysage, épaté, c'est un site qui le touche autant que le lac Edouard au Québec.

Ils finissent tous la soirée à Wieck par un Abendbrot et des parties mémorables du jeu de Ligretto, où tout le monde se comprend, enfin presque.

Il est l'heure des aux revoirs, du retour, de l'autoroute, de l'avion, du train, et de la voiture qui attendait sagement sur le parking de la gare, puis la maison, les retrouvailles avec Patch, les souvenirs plein la tête. Quatre jours passés très vite, bien trop vite ! Voilà le retour à la réalité, Julien et son cadeau de Noël la Pds. Mais comme les enfants, on peut rêver, on peut y croire que tout va s'arranger.

35
Année 2022

Dans la continuité

Cette année commence bien pour Jacques, il est confiant, même s'il est toujours sous contrôle des Pds mensuelles. Il se sent bien, il va jusqu'à participer à la marche tranquille mensuelle du groupe de marcheurs des aînés ruraux. Une petite balade de quatre kilomètres et demi, la vitesse n'est pas très élevée, heureusement, ils bouclent le parcours en une heure vingt. C'est un début largement suffisant pour Jacques, il n'est pas encore prêt pour traverser la France. Certains lui parlent d'aller faire une partie de bowling, programmée début février. Et pourquoi pas, Jacques s'inscrit pour y aller, il y a au moins quarante ans qu'il n'y a pas joué.

Aujourd'hui 14 janvier, Jacques fait fonctionner le commerce local, de bon matin. Lucie l'infirmière à domicile qui n'a pas trouvé de solution pour avoir les mains chaudes vient pour la Pds, ensuite il a rendez-vous avec son médecin traitant une deuxième fois pour la sinusite. En début d'après-midi, il va à la pharmacie pour la vaccination Covid, il en profite pour y prendre ses antibiotiques prescrits le matin. Les joies de la campagne en plus, deux aller et retour au bourg, 18 kilomètres parcourus, quelle sortie, loin cependant des 86 kilomètres d'une visite rituelle au PRC. Mais quand on aime, surtout la santé, on ne compte ni le temps, ni les kilomètres, ni autre chose, car quand on ne l'a pas, rien ne compte plus que la santé.

25 janvier, soit trois mois après la dernière séance de chimiothérapie, les dommages collatéraux sur la dentition sont conséquents. Les dents se déchaussent, les gencives sont remontées et sensibles, des caries sont apparues un peu partout. Ce matin, le dentiste lui enlève directement une prémolaire cassée qui ne peut être réparée, il dénombre sept autres dents cariées. Afin d'en sauver le maximum, il entame donc des soins pour lesquels il faudra ensuite cinq autres rendez-vous pour en venir à bout. Mis à part les dents, Jacques se demande si cette sinusite permanente est due elle aussi au traitement, il en parlera au docteur Frappier au prochain rendez-vous.

Le 16 février, nouveau rendez-vous avec le Docteur Frappier. Il annonce que le scanner thoracique du 3 février ne donne pas vraiment de point significatif. L'aspect général observé est inchangé par rapport au précédent, il n'y a pas de progression, mais toujours pas de guérison. Ce qui le laisse à penser de temporiser pour le moment, dans l'attente de la cinquième fibrogastrique. Par contre devant la récurrente sinusite que présente Jacques, il prescrit un scanner des sinus pour s'assurer que rien de tumoral ne s'y soit installé, il aura lieu le 25 mars.

D'examen en examen, Jacques ne s'y retrouve plus, il a le sentiment que cela n'en finira jamais. Le voilà parti encore sur une autre piste médicale, après, les tâches aux poumons, la base de la langue, l'estomac, quoi encore les sinus, le nez ? Est-ce que cela va s'arrêter un jour ?

François crée la surprise, il klaxonne devant le portail. Il est 9 h 00.

— Qu'est-ce que tu fais la si tôt ? lui dit Jacques

— Je passe vite fait, je vais chercher ma remorque chez ma mère pour aller à la déchetterie cet après-midi, si tu as des choses à y mettre ?

— Non merci, mais entre cinq minutes.

— Vite fait, alors.

François ne sait pas faire vite fait. Il parle beaucoup, tellement que parfois quand il a fini de raconter quelque chose, il ne sait plus où il en est et il recommence.

En fait il ne passe pas par hasard, ni simplement pour la remorque, il sait que Jacques doit passer une grande quantité d'examens et qu'il n'est pas au mieux de son moral. Finalement il parle si peu, qu'il est déjà plus de midi et que Jacques le garde à déjeuner. Au moins il va être obligé de préparer quelque chose à manger au lieu de taper des restes dans le réfrigérateur !

François ne partira pas avant quinze heures, non sans avoir posé à Jacques une question.

— Ta grand-mère, c'est bien avec Bergeon Marcel qu'elle était mariée ?

— Oui !

Cette histoire de cousins est devenue une obsession.

Nous sommes le 25 mars au Scanner Poitou-Charentes, zone de la république. Jacques n'est pas stressé par l'examen, cette fois il n'y a pas d'injection de produit, donc pas de piqûre dans la veine, pas de bleu. Non, il est juste inquiet parce qu'il sait qu'il va repartir d'ici avec le résultat et que cela pourrait être encore une mauvaise nouvelle.

Vingt minutes d'attente avant de passer le scanner de dix minutes. Encore trente longues minutes avant de tenir le résultat dans ses mains. Il n'est plus à cinq minutes près, il attend d'être dans sa voiture pour ouvrir le feuillet et lire le cœur tremblant, la conclusion :

Sinusite maxillaire bilatérale ethmoïdale antérieure et dans une moindre mesure sphénoïdale, pas de masse suspecte.

— Respire un grand coup Jacques, tu n'as pas de tumeur du côté des sinus ! dit-il à voix haute, rassuré. Il en a bien assez, il éclate de rire et démarre, il en oublie d'appeler Lysiane.

36
Profiter de tout

La traditionnelle Pds passée, Jacques est prêt pour partir faire ses premiers pas de randonnée sur le GR 34, le chemin des douaniers dans le Finistère sud. Il a tout préparé le parcours, l'hébergement, la tenue. Lysiane sera en congé pour l'y accompagner. Voici le programme prévu, sur quatre jours, pour une première expérience :

Étape 1 : 21 km 600/Pointe du raz – Primelin – Esquibien – Audierne ;

Étape 2 : 20 km 300/Audierne – Mengleunot – Ploven ;

Étape 3 : 23 km 500/Ploven – Saint-Jean Trolimon – Pont-l'Abbé – Combrit ;

Étape 4 : 21 km 500/Combrit – Clohars Fouesnant – Fouesnant – La forêt Fouesnant – Concarneau.

C'est donc le 28 mars en fin d'après-midi que Jacques, Lysiane et Patch arrivent au gîte qu'ils ont réservé à Ploenour Lanvern, situé à mi-chemin des randonnées prévues. La soirée se passe dans le calme et la préparation des derniers détails avant le départ depuis la pointe du Raz le lendemain.

9 h 30 pointe du Raz, vent du nord froid, il fait 13 degrés, Jacques est déjà gelé. La motivation n'est pas la même que devant l'écran de l'ordinateur et Lysiane le voit bien. Elle propose à Jacques de faire un bout de chemin avec lui pour le lancer, surtout pour voir comment il

se comporte. Le chien lui court devant sans aucun problème. Une heure plus tard, après trois kilomètres huit cents, ils sont de retour à la voiture. Trop froid, trop de vent, pas assez d'énergie, le voyage de la veille peut-être. Ils rentrent au gîte prendre une bonne douche chaude et après déjeuner vont visiter la cidrerie Kerné, drôle de début de randonnée !

Le 30, c'est parti pour de bon, Jacques et Patch sont sur le GR 34. Lysiane le suit de loin en voiture et le retrouve par endroit pour faire le point. Le chien va bien, le vent qui lui soulève gaillardement le pelage ne le dérange absolument pas, au contraire, il va d'avant en arrière, les oreilles battantes, tout autour de Jacques emmitouflé dans son blouson coupe-vent gris, la capuche recouvrant un bonnet en laine bleu marine enfoncée lui cachant les oreilles, il a pris pour l'occasion son pantalon de randonnée kaki, et ses chaussures de marche bleu turquoise, comme il a froid aux mains des gants en laine vert fluo, et pour le côté pratique un petit sac à dos rouge de ravitaillement. On dirait un épouvantail, il ne devrait pas être dérangé par les volatiles. Jacques peine beaucoup sous le vent, dans les montées et tremble de froid sur le haut des crêtes, il ne manquerait plus qu'il pleuve. Le paysage est magnifique, le découpage de la côte assure un dépaysement total.

La vue change à chaque virage, le ronronnement de la mer, qui brasse les algues fait monter l'odeur iodée jusque sur le chemin de randonnée en surplomb.

Au deuxième point de rencontre, à six kilomètres trois cents, Lysiane comprend que c'est trop pour Jacques. Il insiste pour continuer et lui donne rendez-vous sur la plage de Primelin.

Du haut de la crête le long de la falaise, il aperçoit cette plage qui lui paraît si proche des yeux et si éloignée en pas. Il a une drôle de sensation chaude de transpiration dans le dos et froide sur le visage et le devant des jambes. Il sait qu'il ne pourra pas continuer. C'est trop tôt dans la saison, le vent, le froid, la santé qui n'est pas au top, il va devoir arrêter !

Primelin, la plage, où est Lysiane ? Patch infatigable se faufile dans un petit sentier derrière la végétation, il disparaît et revient fier de lui avec Lysiane à quelques mètres derrière.

— Jacques, tu arrêtes ici, je vois bien que tu es épuisé, tu ne vas pas y laisser ta peau, pour essayer de te prouver que tu vas bien. C'est terminé, tu m'entends !

Il sait qu'elle a raison, il la prend dans ses bras en retenant ses larmes.

— Au moins j'ai essayé, mais je n'ai pas dit mon dernier mot.

La fin du séjour se passe calmement avec de simples petites promenades, baie des Trépassés, Audierne, les plages du Guilvinec. À plus tard, les grandes marches solitaires, un jour ou l'autre, il le fera.

Début avril, un atelier d'écriture pour Séniors, animé par Lætitia, vient de se créer au Centre Socio Culturel. C'est un peu loin de chez lui, mais Jacques curieux et un peu en manque d'écrits, de challenges, d'échanges et de rencontres, décide de s'y rendre juste pour voir. Surpris, il est le seul homme dans ce groupe de neuf personnes, c'est la première fois que l'on dit à Jacques que c'est un Sénior, pour lui ça veut dire n'importe quoi.

Marie est une cousine que Jacques n'avait pas vue depuis au moins trente ans, le monde est très petit, elle écrit des textes sobres, gais et ludiques.

Léonie c'est l'aînée de la troupe, très timide, elle pense que ce qu'elle écrit n'est pas terrible alors que toutes ses pages sont douces de mots tendres et majestueux.

Michelle, la spécialiste de superbes textes chargés d'émotions, d'un descriptif précis à chacune de ses lectures, elle vous transporte dans le passé nostalgique avec une réalité de description des lieux.

Elise est d'origine belge, elle a du mal à transposer ses pensées sur le papier, ses écrits sont parfois des pansements psychologiques.

Odette c'est la comique de la troupe avec ses écritures joyeuses, autre point particulier, c'est aussi une cousine de Jacques par alliance.

Aline est dans une écriture compliquée, elle n'arrive pas toujours à poser ce qu'elle voudrait exprimer.

Iris peut partir dans des délires tourmentés que les autres ont parfois du mal à suivre, elle reste dans ses pensées secrètes.

Jacques se demande ce qu'il est venu faire entre toutes ces dames avec sa poésie et son humour décalé, écrire pardi !

Lætitia propose deux à trois exercices différents par séances, écrire un texte à partir de mots découpés sur une revue, à partir d'une gravure, d'une photo, ou apprendre de nouvelles techniques d'écriture, poésie, déclinaison de mots. C'est un défi à chaque exercice, Jacques adore jouer avec les mots. Midi, il n'a pas vu les deux heures passer, il reviendra c'est sûr.

Plus tard dans la semaine, Jacques va au bowling avec onze autres séniors. Il n'y a qu'eux en ce milieu d'après-midi, ils occupent trois lignes. Dieu que c'est lourd une boule de bowling ! Chacun leur tour, ils enchaînent les lancés dans une joyeuse ambiance. Il n'y a pas d'esprit de compétition entre les quilleurs, la chance les accompagne plus que l'habileté et les spares, strikes, s'affichent sur le panneau de score, sous les rires parfois moqueurs et les cris de joie enthousiastes. Nos amis sont de purs amateurs, le meilleur d'entre eux ne dépasse pas cent trente-six points. Jacques n'a plus de bras, il finit troisième avec cent dix-huit points. Fin de partie, un peu de réconfort, thé pour les uns, café pour les autres et c'est très vite l'heure du retour en minibus vers le centre social. Tous se promettent de revenir pour challenger ensemble.

37
Toujours pareil

La sinusite maxillaire bilatérale n'est toujours pas partie, bilatérale et récurrente. Jacques qui accumule les stocks de mouchoirs jetables en papier fait un geste pour la forêt, il va à nouveau le 5 mai chez son médecin traitant qui lui prescrit toujours sept jours d'antibiotiques. Attention, pas les mêmes que les deux dernières fois, quelque chose de mieux approprié ! Jacques reste sceptique et convaincu que, comme d'habitude, huit jours après la prise de médicaments, la sinusite reviendra. Il est certain aujourd'hui qu'elle résulte de la chimiothérapie.

Le 11 mai, Jacques est à nouveau en rendez-vous avec le docteur Frappier, il a les résultats de la fibrogastrique du 2 mai. Ce n'est pas vraiment ce que l'on pouvait attendre. Le lymphome est toujours présent sur l'estomac, avec la persistance d'un aspect de gros pli fundique avec présence d'une infiltration tumorale. C'est sans appel, restant toujours et uniquement cette partie tumorale à traiter, nous sommes maintenant assurés d'un traitement par irradiation ponctuelle.

Pour se rassurer et conforter sur les autres points apparemment disparus, Jacques passera un autre TEP de contrôle le 3 juin.

Il aura donc rendez-vous avec le docteur Berland, radiothérapeute, pour confirmer le nombre et la fréquence de séances d'irradiation, apparemment entre trois et quatre. La radiothérapie consiste à utiliser des rayonnements pour détruire les cellules cancéreuses tout en préservant le mieux possible les tissus sains et les organes avoisinants.

Plus de la moitié des patients atteints d'un cancer sont traités par radiothérapie à une étape de leur parcours de soin. Les rayons sont émis par une machine appelée accélérateur linéaire de particules.

Quel bonheur que Lysiane soit présente aujourd'hui, Jacques est en vrac éparpillé un peu partout ! Il avait envisagé de loin cette hypothèse, mais vraiment en dernier ressort. Il va rebondir bien sûr, c'est fait pour cela un ressort, mais tout de suite il en manque un peu, l'immunothérapie et la chimiothérapie n'ont pas suffi. La question que Jacques se pose, est-ce que ça va marcher cette fois ? Pas de surprise, dès le départ, cette maladie est une Affection de Longue Durée.

38
La visite

24 mai, Jacques depuis le début de ce cancer et de la chimiothérapie, est devenu plus sensible. Il lui est difficile d'aller voir sa mère atteinte de la maladie d'Alzheimer à l'EHPAD. Il ne peut pas supporter de la voir alitée, amaigrie, ne pouvant plus ni parler, ni marcher, ni s'occuper de sa toilette, elle ne peut plus rien faire. C'est pour cela que Lysiane l'y accompagne à chaque fois. Il pense qu'elle est absente mentalement depuis longtemps, il ne lui a jamais parlé du lymphome. Ce soir comme d'habitude elle est inerte, le regard dans le vide, il lui dit pourtant quelques mots en lui tenant la main.

— Tu sais maman, je crois que tu as assez souffert maintenant, tu peux partir si tu veux, rejoindre ton père et ta mère, je me débrouillerai sans toi.

Il sent ses doigts serrer les siens et voit ses yeux le regarder, n'est-ce qu'une impression, un pur hasard de gestes incontrôlés ? Ils repartent de l'EHPAD, Jacques a le cœur serré et la larme dans le coin de l'œil.

Le lendemain, à 10 h 40, soit juste un an après la première séance d'immunothérapie, Jacques reçoit un appel de l'EHPAD. Sa mère est décédée, à peine un mois après le décès de sa belle-mère, le 30 avril, Lysiane et Jacques n'ont plus de maman.

Il ne peut être vraiment attristé, elle n'avait déjà pour ainsi dire plus de vie, il est heureux qu'elle ne souffre plus.

Une mère dans cet état pouvait-elle ressentir la maladie de Jacques ? Il est allé la voir sans penser quel jour c'était, pourquoi mourir précisément le 25 mai, après que Jacques lui ait demandé de partir ? Pour lui signifier qu'elle le savait ?

39
L'été s'annonce bien

Cet été, Jacques n'aura pas le temps de s'ennuyer, les rendez-vous médicaux en plus des Pds vont largement remplir son agenda. Dès le 2 juin, il passe une fibroscopie des fosses nasales qui révèle que la sinusite encombre généreusement les sinus. L'ORL lui prescrit un nouveau traitement antibiotique et suggère de le revoir dans un mois.

Le 3 juin il passe son neuvième TEP, celui qui prouvera la disparition des foyers gastriques, la régression des foyers pulmonaires paravertébraux droits et malheureusement la persistance du pli fundique.

Ce qui le conduit le 23 juin chez le docteur Berland, qui lui explique de façon claire, nette et précise tout le protocole des quinze séances de radiothérapie. Oui en fait, trois de cinq font bien quinze ! Jacques n'est pas plus étonné de cette multiplication, il commence à avoir l'habitude de ce phénomène.

Le début de ce traitement commencera à la mi-juillet, après le rendez-vous du 11 juillet avec l'ORL qui suite à une nouvelle fibroscopie de sinus le met sous cortisone. Ils se reverront dans trois mois.

Un détail dans l'agenda début juillet, juste un rappel de vaccination Covid.

Le 12 juillet Jacques se trouve au PRC, service de Radiothérapie pour un scanner en quatre dimensions, et oui ça existe, non seulement cet appareil radiographie le corps sous toutes les coutures et il enregistre en plus les mouvements pulmonaires liés à la respiration. Autant dire qu'il vaut mieux être détendu pour avoir le minimum de différence entre chaque inspiration et expiration.

Cet enregistrement permet des traitements plus faciles où le patient n'est pas obligé de retenir sa respiration. Un autre point supplémentaire, il faut pour la radiothérapie de l'estomac, être bien sûr à jeun et que le corps soit toujours positionné de la même façon, la table d'examen, a des repères de graduation pour positionner chaque patient selon sa morphologie. Et pour ceux qui aiment les tatouages, des points de calage de l'accélérateur de particules sont pratiqués comme un quadrillage orthonormé. Quand tout cela est fait, l'ordinateur réunit toutes ces données pour que le traitement se passe à chaque fois dans les mêmes conditions. Les physiciens et dosimétristes n'ont plus qu'à faire les calculs et préciser la technique de radiothérapie.

Le temps est à peine plus long qu'un scanner normal, si ce n'est le temps des points de tatouage pour lesquels Jacques n'a ressenti aucune piqûre, et qu'il est incapable de dire où ils sont tellement ils sont petits, la machine a une meilleure vue que lui.

Jacques et la machine sont prêts pour commencer la radiothérapie dans treize jours, après la prise de sang mensuelle.

Jacques arrive en Vsl en radiothérapie, il a le premier rendez de la journée et ce sera comme cela à chaque fois, heureusement qu'il est matinal. Il attend en salle d'attente « galets », toutes les salles de ce service ont un nom, cela ne change rien au lieu, mais c'est plus sympathique. À l'heure pile une opératrice se présente et conduit Jacques jusqu'au vestiaire, il se met torse nu.

— Quand vous serez prêt vous allez au fond du couloir sur votre droite vous ne pouvez pas vous tromper il n'y a qu'une porte, lui dit-elle.

Effectivement, il ne peut pas se tromper, il y a une énorme porte isolante épaisse et lourde comme un blindage de char d'assaut.

— Entrez, installez-vous sur la table de traitement.

Pour elle c'est la routine, Jacques lui est impressionné par cet accélérateur de particules, une attraction de fête foraine médicalisée. Il aperçoit la collègue de l'opératrice qui vient tout juste de régler la table de soins en fonction des indications de l'ordinateur, Jacques s'y installe. Elles se mettent de chaque côté de la table pour bien le positionner et s'assurer que l'appareil est bien calé avec les points de tatouage.

— C'est bon, nous allons sortir, nous revenons dans dix minutes.

Elles sortent, il entend le gros bruit sourd de la porte blindée, puis un tut tut tut, se fait entendre dans la pièce. La lumière baisse, un spot rouge sur le mur d'en face clignote. La machine ronronne et se met en rotation de la gauche vers la droite au-dessus de Jacques, il voit en premier comme un gros miroir en inox dans lequel on ne voit rien d'autre que le reflet d'un rayon rouge en mouvement. Le miroir disparaît à droite quand arrive un grand cercle d'environ un mètre de diamètre tournant dans un sens et dans l'autre plusieurs fois sur lui-même. Il s'éclipse aussi par la droite et apparaît à gauche un deuxième miroir et ses lignes de rayons rouges. L'appareil stoppe un bref instant et refait sa demi-rotation de droite à gauche cette fois, s'arrête de tourner et recule, dégageant ainsi la table d'examen. Le moteur s'éteint, la lumière monte, l'opératrice pousse la lourde porte et entre.

— C'est terminé je vous libère. Demain je vous mettrai un fond sonore, ce sera moins stressant, lui dit-elle.

— Ah merci, à demain.

Effectivement le lendemain et tous les autres jours de radiothérapie, il y a un fond de rock and roll, comment a-t-elle su qu'il aimait ce genre de musique ? L'âge de Jacques, évidemment c'est de sa génération.

Cela devient compliqué pour Jacques de se lever les matins pour un aller et retour en radiothérapie. Les samedis et dimanches, entre deux semaines de traitement, c'est-à-dire jusqu'au 16 août, il n'a envie de rien d'autre que de rester tranquille à la maison. Il espère bien que cette fois ce traitement viendra à bout de ce lymphome. Il aimerait bien aussi ne plus perdre de poids, l'estomac ne veut pas parfois lui laisser le loisir de s'alimenter correctement. Il ne fait plus que soixante et un kilos.

Pour faire suite aux séances de radiothérapie, Jacques revoit le docteur Frappier le 17 août. Sa dernière Pds indique qu'il n'a aucune défense contre la Covid. Il doit se refaire vacciner le 1er et 20 septembre. Le 21, le docteur Berland qui trouve que Jacques va plutôt bien. Mais, Jacques se dit qu'il faut rester sur la réserve en attendant les prochains examens de contrôle.

40
Automne surprise

Le premier mardi d'octobre, Jacques va à l'atelier d'écriture. La consigne de ce matin est d'écrire de nouvelles paroles sur la chanson d'Henri Salvador, Jardin d'hiver. Pour Jacques voici le résultat :

Je ne voudrais plus de guerre
Plus de mort, plus de misère
Plus de gens qui fuient leurs terres
Là dans mon bel univers
Je voudrais voir le ciel clair
Pas de bombe et pas d'éclair
Je ne fais qu'une prière
C'est garder la paix sur terre

La peur au cœur, sous les canons entendre
Obus qui tombent, et que la mort engendre
Des trous béants, puis des immeubles en cendres
C'est à quoi nous attendre

Je voudrais pour vous mes frères
Du champagne dans votre verre
Je voudrais toujours faire taire
Les canons et leur tonnerre,
Je veux que les prés soient verts
Pas de mines cachées sous terre
Que des oiseaux dans les airs
Et garder la paix sur terre

La peur au cœur, sous les canons entendre,
Obus qui tombent, et que la mort engendre,
Des trous béants, puis des immeubles en cendres,
C'est à quoi, nous attendre,

Trois mois sont passés, Jacques est le 10 octobre en rendez-vous avec l'ORL. Bonne nouvelle, les sinus sont bien dégagés, c'est la confirmation que Jacques attendait. Il respire en effet beaucoup mieux depuis un mois environ.

Au fait, pour ceux qui se demandaient ce que devient Julien, il pique toujours les 12 et 19 octobre, il n'ose plus parler à Jacques de son projet échoué sur la plage de Primelin en Bretagne. Il se contente d'alimenter la conversation par la pluie ou le beau temps, de peur de vexer Jacques qui est devenu très susceptible depuis ces derniers mois. Deviendrait-il un vilain vieux ?

Jacques ayant de nouveaux problèmes dentaires enchaîne de mi-septembre à fin octobre, sept rendez-vous d'affilée, pour soigner la plupart des désordres. Cependant, son dentiste ne veut pas prendre le risque de lui arracher les trois molaires supérieures que la radiographie panoramique a démontré perdues. On ne sait jamais au cas où une hémorragie surviendrait. Il devra prendre rendez-vous au service odontologie de CHU. Pour rester positif, il pense qu'au fond qu'une vie vaut bien la perte de trois dents.

Les dents n'ont aucun rapport avec le goût des aliments qu'il retrouve petit à petit, sans pour autant, pouvoir s'alimenter plus. L'appétit vient doucement, la viande rouge ne le tente toujours pas, inutile de parler du poireau !

Mi-octobre, Jacques est un peu perdu. Il se demande ce qu'il pourrait bien faire pour vraiment s'occuper de façon régulière et durable dans un avenir proche et pourquoi pas lointain. Le hasard faisant parfois bien les choses, il reçoit justement un courriel dont le document joint n'est autre qu'une plaquette de présentation dont le titre est : Et si je prenais du temps pour.

Ça tombe bien, le temps c'est ce qu'il a de plus, à ne plus savoir quoi faire de ses journées et bien souvent comme le dit si bien son cousin Christian, « Je n'ai même pas le courage de rien faire ». Ce fascicule propose quatre formes de démarche personnelle, dont l'une d'elles, « L'avenir en soi », attire son attention.

Trois jours passent avant que Jacques se décide enfin à téléphoner, à la personne référente de cette démarche, Elise Guérin. Le dialogue s'engage, timide, puis se construit, se libère. La confiance s'installe un peu, un peu plus, et enfin largement, si bien qu'après s'être laissé aller à parler de lui et de ce qu'il attendait de cette démarche, conforté par les explications d'Elise, il s'inscrit à « L'avenir en soi ». Le premier jour de cette démarche commence par une réunion d'information le 15 novembre à Lencloître. C'est loin de chez lui, mais il ira.

Lucie Kalémingelé, de plus en plus l'hiver approchant, a une idée assez inattendue pour Jacques :

— Est-ce que ça vous dirait de faire le père Noël pour l'Association des Parents d'Élèves, le 16 décembre en après-midi au marché de Noël ?

— Vous rigolez Lucie, je n'ai pas trop le profil !

— Bah, avec un bon coussin sous la tenue, aucun problème, en plus les enfants de l'école ne vous connaissent pas.

— Bon d'accord, je le note et vous m'appellerez un peu avant.

Lucie partie, Jacques prend la direction de Lencloître. Pile à l'heure sur le parking devant la salle du 3ième âge, personne en vue, il s'approche de la porte, il y a du monde à l'intérieur, il frappe, et on l'invite à entrer :

— Bonjour, c'est ici l'avenir en soi ? dit-il.

— Non ce n'est pas ici, allez voir au secrétariat de la mairie ! lui répond une personne qui a l'air d'être la responsable du groupe.

« Ça commence bien ! » pense-t-il. Il se présente au secrétariat et :

— Vous prenez le couloir en face, vous traversez la grande salle, au fond à gauche vous verrez des marches, vous montez et c'est là.

— Merci, bonne journée. Jacques aurait parié que c'était en haut des marches.

Il est le troisième à arriver après les animatrices, Elise Guérin et Marie Guibert. Ils doivent être douze participants, un café leur est proposé en même temps que la feuille d'émargement. Au final, ils ne sont que dix. Ils s'assoient sagement dans le froid face à l'écran, les convecteurs viennent juste d'être allumés, et comme d'habitude il est frigorifié. Elise et Marie sont là, souriantes et dynamiques pour leur présenter le programme des futures journées. Tout de suite, cela fait beaucoup à digérer et Jacques comme les autres se sent un peu perdu, mais curieux de voir au bout du compte, le bout qui va devant. Il est rassuré, il n'est pas le seul à en avoir pris plein les oreilles pendant deux heures.

Vous avez des questions ? demande Elise.

— Bien… Euh… Bof ! … … Non ! répond la collégiale.

Combien seront-ils, le premier décembre au départ de cette démarche ? Qui restera sur le quai ? Qui sera dans le train ? Lui, en tous cas, il a déjà son billet, attention à la fermeture des portes.

S'ils sont ici, c'est que tous ont des inquiétudes, des choses à caler, à oublier, à orienter et avancer, chacun à sa vitesse. Il n'y a ni premier, ni dernier, pas de classement. Il y a la vie, leur vie avec tout son lot d'histoires ordinaires et parfois extraordinaires comme tout le monde. Une chose étrange et mystérieuse les pousse à participer à ces journées, une chose qu'ils pensent insensée dans le seul but d'envisager l'avenir sous des jours meilleurs. Une petite lumière qui leur dit que tant qu'il y a de la vie, vous savez ce que l'on dit, il y a de l'espoir.

41
Petit interlude

Mi-novembre, c'est la sixième fibrogastrique que passe Jacques. Celle qui dira si la radiothérapie a fait l'effet escompté, et si le lymphome est définitivement disparu ou pas. Encore une fois, il n'aura le résultat qu'à la consultation avec le docteur Frappier au prochain rendez-vous du 5 avril 2023. Il se dit que c'est long, très long et en même temps, il sait que si son état ne s'améliorait pas ou empirait son téléphone sonnerait comme cela est déjà arrivé une fois. Il attendra patiemment en essayant de reprendre un peu de force et d'énergie, puisqu'il recommence à pouvoir manger un peu mieux.

42
Vraie contrainte

Le mois de décembre commence bien par enfin une contrainte, une vraie contrainte, qui n'est pas comme celles de ces quatre dernières années pour raison médicale. Une vraie de vraie comme tous ces matins où avant la retraite, Jacques allait au travail, comme aujourd'hui, il avait une heure de route pour s'y rendre. Quel plaisir de sortir de chez lui pour participer à quelque chose de nouveau, faire de nouvelles rencontres ! Deviendront-ils, d'ici le jour du bilan, un groupe ?

Jacques a une notion particulière d'un groupe. Cela peut paraître facile à créer, réunir des personnes qui ont des choses en commun, sous une même bannière, est ce qu'il y a de plus simple. Le groupe pourrait s'en tenir juste à cette définition. Jacques pense qu'un groupe, quel que soit le nombre le constituant, c'est comme une chaise. Ce n'est pas une découverte, elle a quatre pieds, si elle en perd un, il devient difficile de rester assis en toute stabilité, si elle n'en a plus que deux, c'est encore plus difficile. Dans un groupe, chacun a sa place, de la même importance que les autres, il va du cancre à côté du radiateur, au premier de la classe, tous jouent un rôle essentiel dans l'équilibre d'une classe. Enlevez le premier et le dernier, le deuxième et l'avant dernier sont-ils alors à la place qui leur revient ? C'est dans la différence et la complémentarité que le groupe se constitue. Il peut venir d'horizons divers voir opposés, mais il aura toujours une unité rassembleuse qui en fait ce qu'il est, un groupe en fait !

Ils sont sept, ce premier décembre, plus les deux animatrices autour du réconfortant café, aucun d'eux n'a apporté sa tasse personnelle, comme demandé la dernière fois.

Ils s'installent autour de la table disposée en carré, timidement, sagement, le programme peut commencer. Le premier exercice consiste à mettre des croix sur une toile d'araignée selon l'état dans lequel ils se sentent aujourd'hui. Elle est énorme cette toile d'araignée, ce n'est pourtant plus Halloween, Jacques s'y emmêle les pensées, où poser ses croix ? Cet état restera au secret jusqu'au dernier jour de la démarche.

Puis c'est par deux qu'ils vont se présenter l'un à l'autre. Pour Jacques cela reste simple et facile de dire qui il est, pourquoi il est ici, comme d'écouter et d'apprendre qui est Lydie. Au bout de quinze minutes, les présentations sont faites et chacun se prépare à présenter son binôme. C'est Lydie qui commence, sa présentation de Jacques. Il la présente à son tour et les autres binômes en font de même. Maintenant il est plus facile de mettre un prénom sur le visage de chacun.

L'après-midi, ils ont quinze à vingt minutes pour mettre sur le papier leurs rêves, ce qu'ils peuvent faire pour les atteindre, leurs forces et leurs ressources. Consigne majeure, ils doivent impérativement être positifs et ne pas aborder les freins qu'ils sentent. Pour Jacques, l'écrire cela devrait aller, le dire plus compliqué, le faire, pas tout de suite. La phase d'écriture terminée, vient le temps de la restitution, sous les yeux et les oreilles averties, bienveillantes d'Elise et Marie. Exposer tour à tour leurs rêves pour susciter les interrogations et les points de vue positifs des autres.

Jacques est de retour chez lui et se laisse aller encore à réfléchir sur cette première journée. Il se remémore ce que chacun avait envie de faire, c'est drôle, ce que plus jeune à l'adolescence, ils n'ont pas pu ou pas eu le courage de faire, peur de quoi, de qui, de décevoir ? Vivre de sa passion, le dessin, le graphisme, l'apiculture, l'écriture, ils ont entendu eux aussi trop souvent, « on ne gagne pas sa vie avec ça ! » Sacrée culture familiale, mais qui parle de gagner ou de perdre, simplement être heureux cela dérange ? Ce soir il écrit.

J'ai le sentiment d'être un peu perdu, la maladie et l'âge avançant, je me rattache sans le savoir à cette jeunesse inaccomplie, inachevée. Dans ma tête quelques mots accompagnent le ronronnement du moteur, « jamais trop tard... jamais trop tard... jamais trop tard... ». Je ne croyais pas Elise et Marie, mais c'est vrai, je suis vidé, claqué, la cervelle pleine de tout et de rien à la fois. Il y a bien longtemps que je n'avais pas sollicité ma concentration d'écoute toute une journée. Vanné, c'est sûr, mais vivement vendredi prochain ! Cela fait du bien de poser les choses, je n'imaginais même pas à ce point. Ce point d'exclamation sur mes interrogations, qui pour l'instant restent en suspension, il faudrait qu'elles s'accordent en temps et en heure pour mettre sérieusement un point final, une bonne fois pour toutes, et de dire « il était une fois... », et ça c'était avant.

Cette semaine, dans l'attente du prochain jour de formation, Jacques oublie un peu la maladie. Il pense plutôt au groupe et tous les échanges qu'ils ont entre eux. Il a pourtant une visite inattendue, son cousin Christian, celui qui n'a même pas le courage de rien faire, et comme tous les deux avaient du temps, ils n'ont rien fait d'extraordinaire à part discuter des enfants, des voyages, de la santé, c'est un sujet qui inquiète beaucoup Christian. Il est un tantinet hypocondriaque, du genre à s'inquiéter de ne rien avoir, pour lui ce n'est pas normal. Jacques lui dit que son vrai problème, c'est que d'être en bonne santé le rend malade, c'est le monde à l'envers.

On dirait qu'il va faire beau ce 9 décembre, le ciel se dégage et le soleil monte. Il est un peu plus de neuf heures, les infos sont passées et l'auto radio sur Nostalgie envoie, « Livin' on a Prayer » de Bon Jovy. C'est vraiment une belle journée qui s'annonce !

Comme par hasard, Elise leur demande :

— Et si vous étiez la météo, quel temps annonceriez-vous aujourd'hui ? Selon votre état d'esprit.

Ils ne sont plus que six, Lydie a arrêté la formation. Quatre météorologues, dont Jacques, s'ouvrent sur une belle journée ensoleillée, un autre tristement montre des passages nuageux, le dernier annonce un brouillard persistant.

Ils entament ensuite une réflexion collective autour des sentiments, quels sont-ils ? Comment s'expriment-ils ? Sont-ils à l'aise avec eux ? Quel est leur rapport avec le regard des autres ? Joie, tristesse, peur, colère.

Ils constatent que leur éducation les a enfermés dans un monde dur où il n'y a pas de place pour montrer ses faiblesses. Une vie surtout sans pleur, sans lâcher-prise. Alors, comment ne pas rester sans colère, avec plus ou moins de retenue ? Tout ce qui ne s'extériorise pas, amène d'autres souffrances, physiques parfois, des traumatismes, des maladies irréversibles, jusqu'à la destruction. Qui n'a jamais dit au moins une fois dans sa vie :

« J'en ai plein le dos, j'en porte gros sur les épaules, j'ai la tête farcie, ça me casse les pieds, etc. La peur au ventre, des crampes d'estomac, une boule dans la poitrine… » Un conseil que vous donnerait Jacques :

Dites plutôt, j'en ai marre ! Notre éducation ne nous a pas autorisés à montrer nos sentiments, mais ne sommes-nous pas en âge de nous y autoriser, lâchons tout, laissons aller nos émotions. Comment c'est fait un être humain ?

C'est dans cette réflexion de Jacques qu'arrive l'heure du déjeuner. Ils ont tellement parlé et échangé pendant ce repas que Jacques ne se rappelle plus trop bien de quoi, peut-être un peu perturbé par les mises à jour des sentiments matinaux, mais ils s'y sont rapprochés encore un peu plus.

En début d'après-midi, Héloïse leur expose une partie des étonnants dessins qu'elle réalise. Il y a des artistes dans ce petit groupe ! Vient alors le moment attendu de l'exercice, raconter un moment de leur vie qui leur a laissé un bon souvenir.

Noémie les fait voyager en Afrique, et découvrir les baobabs géants.

Francis en Angleterre, quand ado il habitait à Londres où ses parents travaillaient.

Catherine leur apprend la maçonnerie qu'elle a exercée à ses débuts professionnels.

Mathieu, l'ancien militaire, les transporte au Mali construire une école de brousse.

Jacques les emmène à un concert de rock quand il jouait de la guitare dans le groupe « Guimbarding Corporation » à dix-sept ans.

Bien vite il va être l'heure de se quitter, les animatrices leur posent cette dernière question :

— Quel est votre ressenti sur cette journée ?

C'est au tour de Jacques de s'exprimer.

— J'ai mal vécu la matinée sur les émotions, de vieux souvenirs sont remontés des profondeurs sombres à la surface. Une apnée de cinquante-quatre ans, « tu es le plus grand, maintenant tu dois montrer l'exemple à ton petit frère, tu ne dois pas pleurer ! »

Depuis peu, Jacques est devenu sensible, la maladie survenue il y a quatre ans, l'a déconstruit, désorienté, désorganisé, attendrit, révélant que depuis, il arrive enfin à se lâcher, sur ses peurs, sa tristesse, sans colère presque naturellement. Et alors ! Il se sent libéré de pouvoir laisser aller ses émotions, même si parfois il est plus vulnérable.

L'avenir en soi, Jacques n'a plus que cela en tête, il en rêve de l'avenir. Il aimerait tant qu'il y ait un avenir, il arrive à ne plus trop penser à la maladie, il essaie de l'oublier, même les rendez-vous, il les oublie. Il se laisse surprendre par celui du mardi 13 décembre, auquel il n'a pas eu le temps de penser au CHU, rez-de-chaussée, couloir A1. Il se retrouve en salle d'attente du service orthodontie, à 8 h 30, pas de retard une dentiste le conduit en salle, et le fait installer sur un fauteuil de soins dentaires. Jacques espère qu'il s'agit d'une simple visite de constatation avant de voir ce qu'il est possible de faire.

Que non, à sa grande surprise, sans qu'il n'ait le temps de réfléchir ni de stresser la jeune femme lui dit :

— J'ai vu votre radio de la mâchoire, je vais vous extraire ces trois dents.

Jacques voyant qu'elle prépare son matériel.

— Ce matin ? dit-il étonné.

— Oui, pourquoi attendre elles ne sont pas réparables.

Effectivement, dans ce cas, il n'y a pas de questions à se poser. Ce que Jacques ne sait pas c'est qu'il va rester dans ce fauteuil pendant une heure trente. L'anesthésie faisant bien son effet, il ne sent absolument rien. Pourtant il a le dos collé et ancré au fauteuil, comme s'il allait repartir avec. Une des deux plus grosses molaires était cassée en deux parties, il aura fallu du temps pour l'extraire.

À dix heures quinze, Jacques est libre, un peu vaseux, la bouche endormie, sans douleur. Il rentre directement chez lui, en pensant qu'il ne déjeunera pas. Mercredi et jeudi il a encore mal aux dents qu'il n'a plus.

43
Les trois temps

16 Décembre, nouvelle journée de formation l'avenir en soi ; Elise parle du temps, pas de celui qu'il fait, car froid comme toujours dans cette salle, mais de celui qui passe, celui des Dieux de la mythologie grecque :

Chronos, celui qui marque chaque instant, qui le martèle, sans pour autant ne servir à autre chose que de signifier que cela va vite, ce temps c'est le maître, le chronomètre, il bat la mesure, démesurément, sûrement, pas lentement.

Kairos, le temps opportun, le bon moment pour faire ceci ou cela, comme celui que chante le groupe de rock Téléphone « Il est temps à nouveau, de nous jeter à l'eau », prendre une décision d'aller vers quelque chose de neuf, il dit go, le temps, de tout envoyer valser, le tango.

Aios, le troisième temps, pas celui de la valse, celui des cycles, on pourrait dire qu'il est à répétition, il compte les tours de roue, la pleine lune, les années, enfin tout ce qui revient plus ou moins régulièrement. C'est un drôle de temps, à la fois rassurant, apaisant, intrigant, inquiétant, selon ce qu'il rappelle de bon ou mauvais.

Tout ce temps étant pris pour dire ce qu'est le temps qui passe, il est temps de passer à autre chose. Comme la courbe du changement, cette espèce de sinusoïde tordue, un serpent de mer, invitant à descendre dans les profondeurs de l'océan. L'on y perd son souffle et pourtant, l'indispensable appel du pied qui doit propulser vers le haut pour faire remonter à la surface arrive enfin. Il faut prendre une bouffée d'oxygène avant que le reptile aquatique ne vous redescende dans l'abîme. La vie est faite ainsi à nager dans toutes sortes d'eaux, de la surface aérée aux fonds ténébreux, de la plus claire à la plus trouble, de la plus froide à la plus chaude. Attention toutefois à ne pas rester entre deux eaux à boire la tasse trop longtemps, et se noyer par manque d'oxygène.

44
Année 2023

Dans les nuages

Jacques aura mis quatre ans et demi pour comprendre ce qu'est la retraite. Que ce n'est pas ce qu'en disent les dictionnaires et les bien-pensants : « La retraite est la période d'un individu qui s'est retiré de la vie active. » Quel gros mot, les retraités sont-ils passifs ? Ils sont actifs même si c'est de leur inactivité, par laquelle ils permettent dans le pire des cas de créer de l'emploi pour les « actifs » dans différents milieux, tourisme, culture, loisirs, médical, pharmaceutique, aide à la personne, etc., sans oublier qu'ils vivent comme tout le monde.

Jacques n'a pour l'instant plus d'examen à passer. Il a juste un contrôle mensuel par prise de sang. Il verra donc encore Lucie et Julien pendant tout un trimestre.

5 janvier, c'est la reprise de la formation l'avenir en soi. Les animatrices les amènent sur les croyances que l'on a, ou pas. Celles qui sont limitantes ou au contraire celles qui sont essentielles et constructives. Les limitantes, Jacques voit bien de quoi il s'agit. Dans limitantes, il y a limites celles qui militent dans les pensées pour limiter les actions militantes. C'est croire de ne pas être capable de faire, ceci ou cela, d'aller plus loin, de ne pas être assez fort, de ne pas savoir nager lorsque l'on n'a plus pied. C'est ce que Jacques croyait jusqu'à ses trente ans. Croire que le bonheur c'est pour les autres, et

que c'est mieux avec plus d'argent. Chacun sa liste, certainement inépuisable.

À cet instant de la fin de matinée, Jacques ne trouve ni croyance essentielle, ni constructive. À quoi pourrait-il bien croire d'essentiel, d'être aimé, d'aimer, d'être vivant, d'être en bonne santé, d'avoir un toit, de quoi manger ? Un peu de tout à la fois, et, constructive ? Immédiatement, autant dire que le mot « constructive » le raccorde certainement de trop à son passé formaté de technicien en bâtiments et travaux publics. Qu'est-ce qu'une croyance constructive ?

La première heure de l'après-midi a été très difficile pour Jacques. Suite à un déjeuner trop copieux, ajouté à cela un manque de sommeil suite à une nuit d'insomnie agitée et un lever à quatre heures du matin. Le tout conjugué de manière simple, mais efficace a fait que ses paupières dans un clignotement d'abord hésitant finissent par s'alourdir, et finalement se fermer, sans que Jacques n'ait eu le temps de compter jusqu'à dix. Il serait probablement parti dans un profond sommeil, si Catherine ne l'avait pas chahuté d'un léger coup de coude. Il n'aurait pas entendu parler du schéma d'apprentissage.

Dans l'esprit de Jacques, le schéma d'apprentissage semble singulièrement parallèle à la méthodologie de projet, tout part d'une idée, de ce que l'on veut en faire, de la recherche des éléments indispensables, de l'analyse, de la prise de possession de l'idée, de son étude, de sa conception, et de sa mise en œuvre. L'idée est que ce schéma d'apprentissage est appliqué à chaque fois qu'un choix ou une décision se présente.

Le temps a passé très vite. En cette première semaine de janvier et Jacques sent monter en lui une folle envie enfouie depuis fort longtemps de devenir écrivain. L'écrivain par défaut, c'est celui qui écrit donc Jacques s'autoproclame écrivain. Ses écrits ne seront pas vains.

Jacques a eu la visite de François, qui est en colère après le maçon. Il attend toujours que ce dernier fasse le crépi de la façade de son garage. Ce n'est pas la saison, mais François est impatient de ramener tout son matériel de bricolage chez lui.

Avant de partir pour la journée de formation de l'avenir en soi ce jeudi 20 janvier, Jacques pose quelques lignes sur son calepin :

Drôle de journée aujourd'hui ! Aïos est de retour avec un acte annuel, un anniversaire, le mien, et cela me rappelle aussi que Chronos fait que cela va très vite alors de mes soixante-cinq ans je vais saisir Kairos par la main et profiter de son temps, le bon temps. "When you came into my life", pourquoi j'ai ce titre de Scorpion dans la tête ? Certainement parce que toi aussi Lysiane tu as changé ma vie, sur un autre Kairos, il y a bientôt dix-huit ans.

Jacques retiendra de cette journée encore une fois riche en émotions, la petite maxime de Francis lancée, en fin de soirée comme ça juste avant de partir :

La richesse du groupe fait du bien c'est un bon remontant.

Jacques n'aurait pas dit mieux que Francis, car oui c'est vrai que le groupe est un bon remontant, ils avancent ensemble et se construisent des jours meilleurs en soudant de nouvelles amitiés chargées d'espérance et de futur.

45
Le généalogiste

— Bonjour François, tu en es où dans tes recherches de nos ancêtres, soi-disant communs ?

— Je patine, il y a de ton côté, trop d'Alexandre et je me mélange dans les dates, les fratries, les liens pères et fils.

— Oui, tu ne sais plus où tu en es, mais moi je reste persuadé que nous ne sommes pas cousins et même de très loin

— T'inquiète ce n'est pas fini, j'ai mis le club sur l'affaire, on est trois à chercher, on va y arriver.

— À rien du tout, sinon ton crépi c'en est où ?

— Ne m'en parles pas, il ne peut pas venir le faire avant la fin mai, cela me désole, et toi cette formation ça donne quoi ?

— Dernier jour en février, le bilan, le point sur ce que nous voulons faire.

— Tu as une idée ?

— Oui, mais je ne dis rien pour l'instant, tout reste suspendu au médical.

Jacques reste prudent, il a eu trop de déconvenues ces derniers temps.

46
Dernier jour

Fin février, huitième et dernier jour de l'Avenir en Soi, après avoir levé les barrières, desserré les freins, enlevé les doutes, retrouvé l'envie et la force d'aller de l'avant, les membres du groupe sont là, confiants. Ils savent aujourd'hui ce qu'ils souhaitent faire dans un avenir plus ou moins proche, ils vont se donner les moyens pour y arriver.

Le but de cette dernière journée est d'affirmer chacun leur tour le projet de vie envisagé.

Héloïse qui a su leur montrer plusieurs fois ses joyeuses facéties sera clown, c'est ce qu'elle a toujours voulu faire.

Catherine restera dans le secrétariat, mais cette fois c'est sûr, elle va déménager en Vendée pour construire une autre vie.

Noémie qui est née avec des pastels au bout des doigts, dessinera, exposera, quittera son ancien métier d'enseignant et vivra de sa production de dessin.

Mathieu va commencer une formation en ressource humaine pour changer radicalement de profession, fini les espaces verts.

Francis qui, comme il le dit, n'a pas envie de perdre sa vie à la gagner, va faire ce qu'il aime, du raku et garder un job à mi-temps pour commencer.

Et Jacques, lui, qui est à la retraite, va probablement se mettre à écrire, c'est ce dont il a envie, il ne sait pas trop encore quoi, peut-être un recueil de poésie.

Ce soir le groupe et les formatrices sont tristes, ils vont emprunter chacun leur chemin plus ou moins long, ils resteront sûrement en contact et se donnerons des nouvelles régulièrement, il ne peut pas en être autrement.

47
Le printemps arrive

Depuis ces quatre dernières années, Jacques ne compte plus le temps passé en milieu hospitalier ni le temps des soins à domicile, les fibrogastriques, les TEP, les scanners comme le dernier de la mi-mars, il ne compte plus si bien qu'il a failli oublier le rendez-vous du 5 avril avec le docteur Frappier. Et pourtant c'est ce jour où il doit avoir les résultats de la fibrogastrique et du scanner de contrôle suite à la radiothérapie, verdict que lui annonce sans attendre le Docteur Frappier :

« L'aspect histopathologique est compatible avec une rémission histologique complète Grade 1 selon le grading histopathologique des biopsies après traitement d'un MALT. »

Le mot magique attendu, entendu, éclaircit le ciel, les nuages se dissipent, la ligne d'horizon s'éloigne, Jacques ouvre les yeux sur des jours nouveaux, il va profiter simplement de la vie, de sa santé retrouvée, de tout, d'être juste vivant.

« Petit bémol, il ne reste plus que les bandes et la peinture du plafond du bureau à faire », mais Jacques s'en moque, cela attendra, la vie, elle, n'attend pas !

Pour la petite Histoire, les recherches généalogiques de François ont révélé qu'ils sont des descendants Rivière de la onzième génération.

Jacques a gardé le contact avec le groupe de l'Avenir en soi, il continue d'aller à l'atelier d'écriture ; et écrira probablement un livre. Et si Jacques devait à son tour vous donner un conseil, il vous dirait :

Courez ! Bougez !

Remerciements

Chers lecteurs, je vous remercie pour l'achat de cet ouvrage et de ce fait de votre participation active à la recherche contre le cancer, à laquelle une partie de la recette financière de ce livre est reversée. Merci pour tous ceux qui sont confrontés à cette maladie. Ce premier livre de Jacques Martineau, récit de ce temps total médicalisé, le TTM, n'est autre que le mien. Bien sûr les noms ont été volontairement changés, mais chacun peut s'y reconnaître.

Un énorme merci :

À tout le personnel du PRC et du CHU, du HAD, du TEP de Poitiers, docteurs, infirmiers, aides-soignants, opérateurs, secrétaires que j'ai croisés sur ce parcours difficile durant ces quatre années, pour son écoute, son professionnalisme, sa psychologie et à qui je dois une infinie reconnaissance. Ils m'ont permis de renaître une deuxième fois. Grâce à eux, je suis toujours vivant.

À tous les autres médecins généralistes et spécialistes, pharmaciens.

Aux infirmiers libéraux de ma commune pour leurs allées et venues incessantes, mensuels, hebdomadaires, journaliers

Aux Chauffeurs de VSL pour tous ces kilomètres, leur conduite et leur ponctualité.

Tous ceux que j'aurai pu oublier.

Aux deux formatrices et au groupe de « l'avenir en soi » de m'avoir remis les idées au clair.

À l'atelier d'écriture qui m'a conforté par ses divers exercices dans mon envie d'écrire.

À tous mes proches, amis, famille, de leur soutien et réconfort, je sais combien cela n’a pas été facile pour eux.

Lysiane, toi Lysiane, je ne te dirai jamais assez merci d’avoir été à mes côtés avec ta patience, ton écoute, ta compréhension, ton accompagnement permanent, d’être toi et moi, un couple et cela vaut bien une rose rouge inattendue par ci par là, même s’il n’y a aucune occasion, il y aura toujours une bonne raison, c’est toi.

***

Je ne finirai pas sans une profonde pensée émue pour tous ceux que j’ai croisés durant ces quatre années qui n’ont pas eu le même destin que moi, toujours en traitement et certains d’entre eux qui s’en sont allés !

Imprimé en Allemagne
Achevé d'imprimer en février 2024
Dépôt légal : février 2024

Pour

Le Lys Bleu Éditions
40, rue du Louvre
75001 Paris